業務改善とデジタル人材育成を実現する

全社員DX化計画

日本DX人材センター
代表取締役
藤田舞
Mai Fujita

CROSSMEDIA PUBLISHING

はじめに

2023年5月10日、日本M&Aセンターで社内DXコンテストが開催されました。DXを活用し、どのような業務改善を行い、イノベーションを興したのか、発表し合うものです。

24名の社員が応募し、予選を勝ち抜いた5名が本選にて発表。当日は全社員の約3割にあたる300名の社員が視聴しました。

優勝者の発表テーマは「M&Aのリードタイムを大幅短縮！ 年間1万時間のムダを削減したマッチング推進課のDX」でした。M&A仲介業において「最大の肝」とされる、企業同士のマッチングの促進を担う部門の社員の発表が選ばれました。惜しくも優勝できなかったものの、厳しい予選を勝ち抜いたプレゼンは全て高レベルで、しかも営業部門や管理部門の発表。なんと、IT部門の発表は1つもありませんでした。

社内ＤＸコンテスト本戦で発表されたテーマ

○「昨対比１２５％！　過去最高の受託数を支えた地銀ネットワークのSalesforce活用術」経営企画課

○「営業現場必見！　全員がSalesforceを最大限に使いこなすチームの作り方」金融提携事業部

○「１日の架電数がなんと3・5倍！　70件コールを達成したインサイドセールスのＤＸ」ＩＳＲ部

○「８年越しの課題を実現！　社内資格を取りながら走った超過酷なシステム大改革」経理課

ＤＸの取り組みはほかにもあります。

日本M&Aセンターでは、2022年1月に創設した社内Salesforce資格取得制度に500名を超える社員が合格し、自ら各部署でDXを進めています。その数、全社員の約半数です。

DXというと、IT担当が推進するもの、あるいは外部のコンサルティング会社が改革を進めるもの、と思っていませんか。

なぜ、日本M&Aセンターでは様々な現場からこんなにも改善が量産されるのでしょうか。

なぜ、1000人を超える社員が自らの意思でDXに動き出すようになったのでしょうか。

日本M&Aセンターは、M&A仲介における国内最大手企業です。中堅・中小企業を主な顧客とし、企業同士をつなぐお手伝いをしています。

私は日本M&Aセンターで、Salesforceを中心とした社内のSaaSツールの活用推進や運用保守などを10年間行ってきました。

日本M&Aセンターグループの歩み

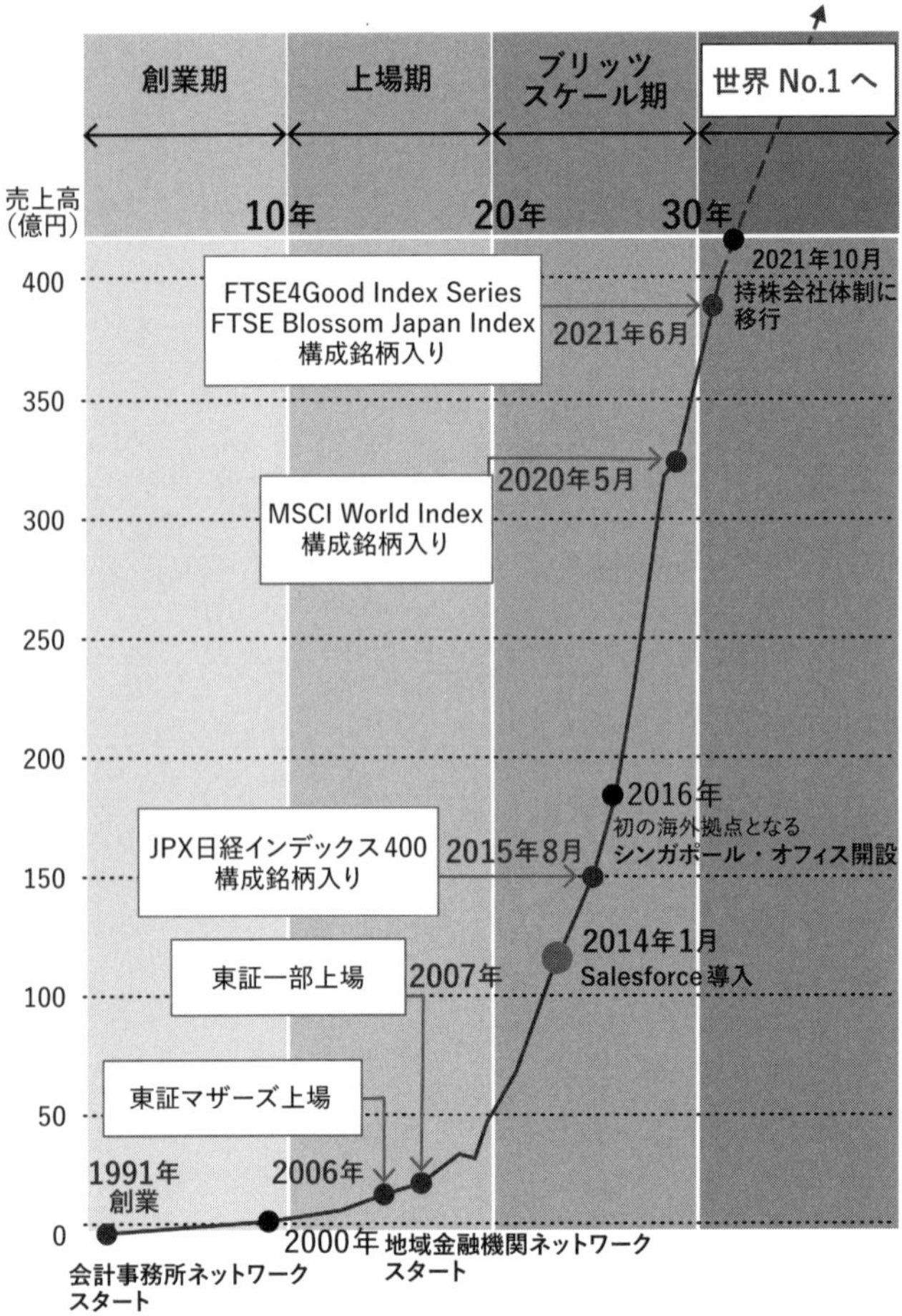

2022年にはSalesforce社主催の全国活用チャンピオン大会の大企業部門で優勝できましたが、10年前は、DXとはほど遠い超アナログな会社でした。最初は社員100人にデータを入力させることにすら悪戦苦闘。いくら呼び掛けてもなかなか入力してもらえず、現場からは「システムが使いにくいから入力しないだけ」とまで言われる始末。

しかし、私はあきらめませんでした。入力が習慣化できたら、できることも広がり、さらに効果を出したくなります。もっと効果を出せないか模索するため、現場の業務に入り込んで各部門と二人三脚でシステムを進化させてきました。

実際、現場に入ってみると、本当にたくさんの改善のタネに触れることができました。不便、非効率、低生産性……、「もっとこうだったら生産性を上げられるのに」と思うことばかりでした。

こういった1つひとつのタネを拾い続け、小さな改善を続けていきました。たとえば画面のレイアウトを少し変えるようなことであっても、面白いぐらいに効果がはっきりと出て、次から次へと改善に取り掛かるようになりました。

　ただ会社はその間も成長し続け、事業も業務も急拡大。10年でグループ社員数は１００名ほどから１０００名を超えるまでに増加しました。やってもやっても終わらない業務改善。１人ではとても無理、数人でも到底無理という苦しい状況でした。

　DXを会社の成長に寄与させるためには発想を大きく変え、レバレッジをきかせる仕組みを作るしかないと考えるようになったのです。

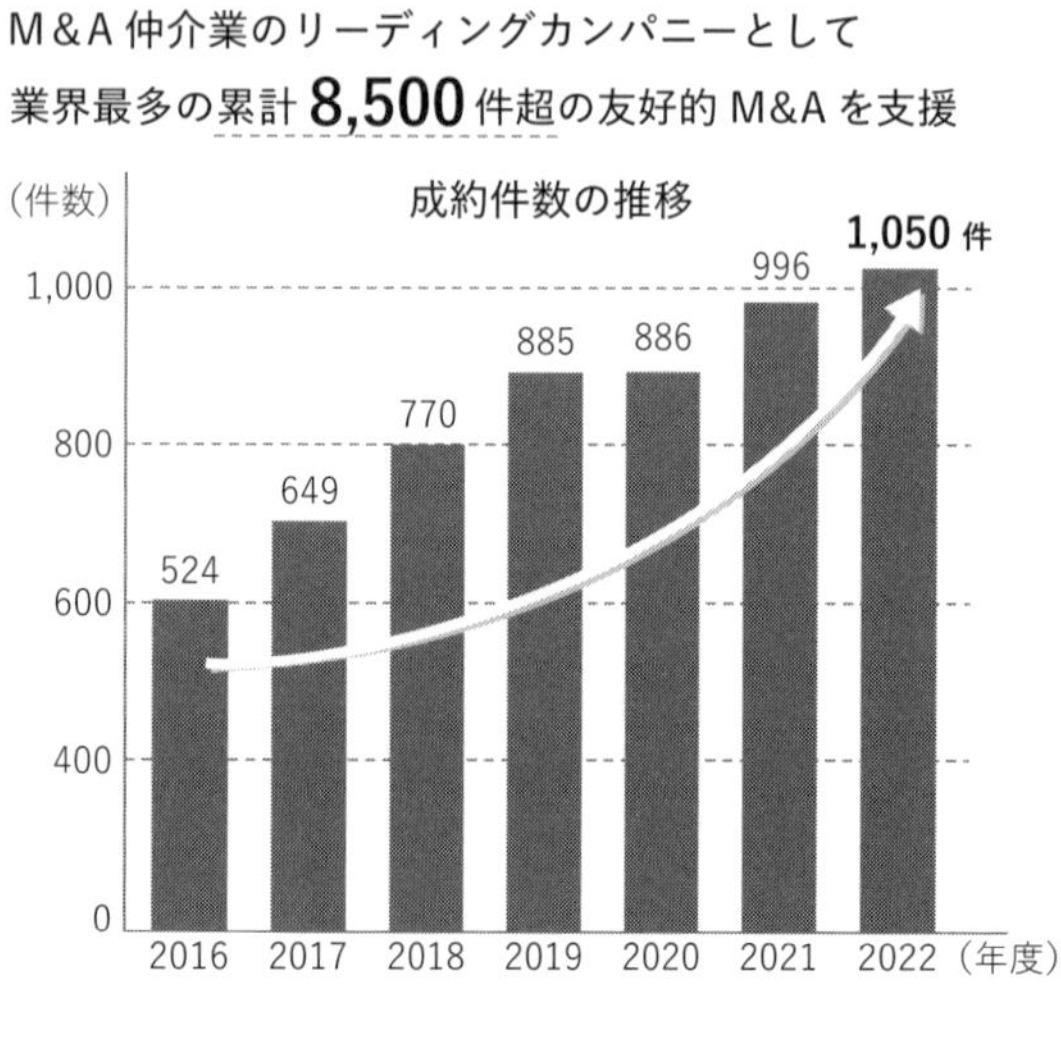

M&A仲介業のリーディングカンパニーとして
業界最多の累計8,500件超の友好的M&Aを支援

　そこで行ったのが「全社員DX化計画」でした。

それまでのシステムは、IT部門が作るものでした。私自身が現場部署でヒアリングを行い、業務を良くするようなシステムを作ったり、データを可視化させたり、様々なカスタマイズも行いました。しかしいっそのこと、これを全社員が自分自身でできるようにしてしまえば良いのではないか……！

　誰でもわかるよう、コードを使わない形でシステムを作り直す。拡張しやすいように全ての設計を見直し、全社員が学習しやすいように教育カリキュラムと制度を整える。

　文字で書くと簡単ですが、これはこれで「全て作り直す」というおそろしく大変な作業でした。

　ですが、そうすることで、日本M&AセンターのSalesforceは、全社員がシステムを使った業務改善を行うことができ、蓄積されたデータを活用できるプラットフォームへと生まれ変わったのです。

今やＤＸは全ての企業が取り組むべき最重要テーマの1つです。

しかし実際にはなかなか進んでいません。それは体感としても、経済産業省のＤＸに関するレポートや報告書からも明らかです。進まない理由・課題として挙げられるのは、「思うように社内理解が進まない」「技術者が不足している」「全社的なリテラシー不足」など、人にまつわる項目ばかりです。私自身が10年間推進してきた中でぶつかってきた壁も、ほとんどが「人」に関する課題でした。

そこでこの本では、導入したものの誰も使わないシステムから、いかにして全社員に定着させ、さらには全社員をＤＸ人材にし、日々当たり前にデータの活用やシステムを使った業務改善がされたのかを、お伝えできればと思います。

また、数多く試した施策の中から効果的な方法について、失敗事例も交えながら書かせていただきました。

ここまで読んでいただいた方は、私がＤＸや業務改善において豊富な実績を作った、華々しい経歴を持つ専門家だと思われたかもしれません。

実は当社には新卒で入社し、ＤＸの領域においては一切の経験もなく、「理系出身だから」という理由でいきなり担当に任命されたとは思わないでしょう。

そんな私だからこそ、このノウハウをもっと多くの人に伝えられるのではないか、広めていくべきではないか、と感じるようになったのです。

この本は、ＤＸ推進担当者はもちろんのこと、経営者の皆様にも読んでいただきたいと思い書きました。それは、本書に書かれている内容がＤＸやシステムの難しい話を解説しているのではなく、「どうやって人を動かし、ＤＸを浸透させるか」という話だからです。

あなたの会社のＤＸの悩みに、本書が少しでも役立ってくれたら幸いです。

全社員DX化計画　目次

第1章 なぜ、あなたの会社のDXは進まないのか

第2章 日本M&Aセンターが急成長できた理由

第3章 SaaS導入〜活用 5つのステップ

第4章 世の中のDXを次のステップへ

第5章 人の力は社会を変える ——日本DX人材センターの設立

第1章

なぜ、あなたの会社のDXは進まないのか

DXはわかりづらすぎる

「DX」という言葉を急速に聞くようになってきたのは、2019年頃のことでした。今では、ビジネスパーソンであれば耳にしたことがないい方はいないぐらいメジャーな言葉になりました。ですが、そもそも「DX」って一体何なのでしょうか。

経済産業省では以下のように定義しています。

「企業がビジネス環境の激しい変化に対応し、データとデジタル技術を活用して、顧客や社会のニーズを基に、製品やサービス、ビジネスモデルを変革するとともに、業務そのものや、組織、プロセス、企業文化・風土を変革し、競争上の優位性を確立すること」

すぐに理解できたでしょうか。

正直に言って抽象的で、何をどうしたら良いのか、あまりピンときません。

ですが、DXにまつわるホラーストーリーはそこら中にあふれています。

DXを推進しなければ、

○**競争力が低下する**
○**市場の変化に対応できなくなる**
○**そもそも生き残れない**

など、そんな声があちこちから聞こえてきます。

DXについて、何をしたら良いか正直わからないことも多いけれど、企業の生き残りをかけて何とかしなければ、と感じる経営者やIT担当者は多いのではないでしょうか。

また、DXに関する情報もあふれています。その情報に振り回され、新しい技術を取り入れなければと不安になったり、競合他社がやたらＤＸへの取り組みで先行しているように見えてしまったり。

勉強熱心で情報感度の高い方ほど、結果的にこうした情報に振り回されてしまいます。

「そもそもＤＸの本質とは何か？」

「生き残るためには、具体的に何をする必要があるのか？」

こんな疑問を持っている方に必要なのは、「定義づけ」だと考えています。

実際にＤＸに取り組む前に、そして情報に振り回される前に、まずは企業ごとの課題に合わせた「ＤＸの定義づけ」を行う視点が欠かせません。

DXへの焦りと加速するSaaS導入

「ITの専門家ではなくても、生き残りをかけてDXを推進しなければならない」

そんなニーズに合わせて急速に拡大したのが、SaaS（Software as a Service）です。SaaSとは自社ではシステムを保有せず、サービス提供側で動くソフトウエアやアプリケーションをインターネット経由で利用できるものです。

SFAやCRMなど営業活動を支援するツールをはじめ、webを会議やビジネスチャット、会計ソフトや名刺管理ソフトなど、あなたの会社で使っているものも多数あるのではないでしょうか。

SaaSを使うメリットはたくさんあります。

すでに出来上がったものを利用するだけなので、ITに詳しくなくても安心して使えます。導入のハードルは低く、コストもゼロから作るよりも安く抑えられます。

さらには営業分野、会計分野、人事分野など、各社共通する部分は多く、膨大なコストをかけて1から要件定義をして開発するより、その分野を専門にする会社が作成するシステムを使ったほうが圧倒的に早く導入できます。

また、ゼロから作るものと違い、成功イメージを示しやすいのも特長の1つです。

今では、「システムは作る時代ではなく、探す時代になった」と言っても過言ではないぐらい、数多くのシステムがパッケージ化されて売られています。

このように、SaaSは導入のしやすさや使いやすさ、結果につながるイメージが先行し、様々なビジネスシーンで使用されています。

キラキラした成功事例のデモを見て、「私の会社でもこれを導入してDXを推進してみよう」、そんな思いで1つ、また1つとツールを導入し、気づけば社内にたくさんのSaaSが導入されている、なんて状況になっているという会社も多いのではないでしょうか。

そして、素晴らしいシステムを導入したはずなのに、なぜだか社内ではいまいち使われていない、というのが多くの企業で起こっていることなのです。

手軽さがもたらした代償

かつては、自社でシステムを構築する際、時間をかけてベンダーの担当者と要件定義などを行い、開発をするのが普通の流れでした。多額の費用がかかる分、担当者もシステムの導入を慎重に進めていたと思います。

しかしSaaSの普及によって、難しい要件定義をせずにいきなり導入できるようになりました。その反面、既存の業務とシステムに乖離があるまま、リリースされてしまうといったことがしばしば見られます。

また、「システム要件とビジネス要件のすり合わせ」がシステムを作る上で非常に重要なのですが、それがすっぽりと抜け落ちてしまうケースも多々あります。

その結果、リリースはしたもののなかなか定着しない、使う人と使わない人に分かれる、なんてことが起きています。

通常SaaSを提供する企業には、システムの構築から運用、活用までを伴走してくれるカスタマーサクセスが置かれています。この存在によって、SaaSを有効に使えるようになっているのも事実です。

しかし、社内のカルチャー、もっと言えば「空気感」を十分に理解した社員の存在なしでは、現場のかゆいところに手が届くようなシステム設計、運用設計は絶対にできません。

カスタマーサクセスはシステムの使い方は教えられても、導入した企業や組織が「どうなりたいか」を示すことまではできないからです。

こうした状況において企業に求められるのは、**「DXへの取り組みを通して、組織がどうあるべきか」を誰かに任せず、自分たちで考え、主体的に推進していくことです。**

ツールの導入はゴールではない

ＤＸがうまくいかない理由は他にもあります。

それは、「ＳａａＳを導入するまでは情報収集などに取り組むけれど、導入したら満足してしまう」ケースです。

ツールの導入やシステムのリリースは決してゴールではありません。むしろスタート地点と言っても良いでしょう。

一切変化のない会社であれば別ですが、普通はビジネスの変化に合わせて、あらゆるシステムはより良い形への改善が欠かせません。そして、5年先、10年先の経営戦略を見据えてシステムを作っていく必要があります。

そのため、「5年後、10年後に困ることはないか」という長期的な視点も常に持っておくべきでしょう。

また、効果を出すためには、そのシステムを定着させ、活用していくことが必要なのですが、これが本当に一筋縄ではいかないのです。

便利なシステムを作れば現場の人たちは自然と使ってくれるはず。そう考える方も多いかもしれません。

しかし、**便利なだけでは商品もサービスも、そしてシステムも絶対に自然に浸透することはない**、と私は身をもって実感しています。

ではDXを進めていく上で、どうやってSaaSをはじめとしたツールを定着させればよいのでしょうか。

なぜZoomは定着したのか

システムを組織の中で定着させる方法を読み解くにあたり、「Ｚｏｏｍ」が社会に浸透していった流れがヒントになります。

今や誰もが当たり前のように使う、Ｚｏｏｍをはじめとするｗｅｂ会議ツールですが、つい5年くらい前はほとんど使われていませんでした。

地方や海外拠点との社内会議、遠方のお客様とのミーティングなど、ずっと前からｗｅｂ会議を取り入れようという試みはありましたが、やはり対面が良いなどの理由でなかなか普及しませんでした。

ところがコロナ禍において、社会全体が強制的に対面で接触できない環境になったことで、一気に普及が進みました。

もしコロナ禍がなければ、きっと今も「やっぱり顔を合わせて話したいよね」などと言って、まったく使われていなかったのではないかと思います。

つまり、Ｚｏｏｍがないと仕事ができないという「システムの必要性」を、コロナ禍が作り出したのです。

「システムが使いにくいからみんな使ってくれない」

よくこんな声を耳にしますが、システムの良しあし、使いやすいかどうかと、システムの定着は、実はほとんど関係がありません。

みんなが使ってくれないのは、システムが使いにくいからではなく、必要じゃないからです。

現に、いくら経費精算システムが使いにくかったとしても、使わなければ精算できないとなれば、全員が文句を言いながらでも使うはずです。

システムを浸透させていくことは、デファクト・スタンダードを作っていくことに近いといえます。デファクト・スタンダードとは、市場での競争の結果、商品やサービスが「事実上の標準」として必要とされることです。

たとえば、仕事をする上でエクセルを使わない人はいないくらい、私たちになじみのあるツールですが、これもデファクト・スタンダードの典型です。

エクセルに類似するソフトは他にも存在しますが、結局みんなが使っているのはいつの時代もエクセルです。

それは多くの人が使うようになったことで、たとえばファイル形式をいちいち変換しなくて済むなど、手間がかからないものとして「必要」とされているわけです。

このように、**いかに「このシステムが必要」の状況を作るか。**それがシステムを定着させる秘訣です。

SFAは定着が難しい？

システムはただ導入するのではなく、定着させることが大事ですが、なかでも特に「必要性」を作るのが難しいのは、営業分野で使われるSFAなどの営業支援システムです。

なぜなら、最初はツールを使わずに営業をしていたはずなので、営業担当個人の視点から見ると、なくても良いもの、むしろ入力の手間がかかる面倒なものと見られがちだからです。さらには、データは入力したからといって、すぐには効果が出ないことがほとんどです。

こうした営業の負担になるような取り組みには、二の足を踏んでしまうのは当然のことだと思います。

しかし、システムの「必要」を作る難易度はあっても、やることは同じです。**現場がどういう行動原理で動いているのか**を把握することです。

私が先ほど、社内のカルチャー、空気を理解した社員でないと難しいと述べた理由は、まさにここにあります。システムのルール設計をするのは外部の人に任せるのではなく、必ず社内の人でなければ難しいのです。

社員のみんながどういう考えを持ち、どこを向いて仕事をしているのか、何を求めて働いているのかは、同じ職場で働くからこそ見えてくるものです。その暗黙のカルチャーを念頭に置きながら、ＤＸを推進するための制度設計を考えていくことが大切です。

営業であれば、その人の評価が売上にダイレクトに連動している場合には、何よりも売上を第一とした行動をするようになるでしょうし、社内の連携が実績に連動している場合には、他の社員と良好な関係を築くような行動をとるようになるはずです。

ここまでをまとめると、システムを使う現場の人が「何を求めて動いているか」を把握し、その要望に刺さる「必要」を作り出すことが、定着への近道になります。

DXは経営者が推進すべき

大事なことなので繰り返しますが、SaaSをはじめとしたツールは導入して終わりではなく、導入後にも見えないコストがかかります。

たとえば、ツール運用のコストもかかりますが、なかでも一番大きいのは現場の業務負荷です。

業務の運用に伴う変更が発生する以上、導入直後の生産性は落ちてしまうものです。そうした現場の負荷を十分理解した上で、覚悟をもって厳しく推進していくことが求められます。

DXを進めていくと、必ず現場で働く人たちはそれまでの仕事のやり方、もっと言えば働き方までをも変える必要が出てきます。

今までのやり方を変えるのは、本当に多大なエネルギーを要するものです。「決まったことですから、必ずやってください」といくら呼び掛けたとしても、長年慣れ親しんだ習慣を変えるのは容易ではありません。

このような現場に大きな負担をかける重要な意思決定を行う場合、いち担当者ではなく、経営者が先頭に立つのがDX推進の鍵になると私は考えています。

一時の生産性を落とすことになっても、将来の会社のために推進すべきかどうかを判断できるのも、あるべき姿のために全社員を動かすのも経営者にしかできないことなのです。

日本M&Aセンターでは、10年ほど前からDXに取り組んできました。たくさんの壁にぶつかりながらも、「必要性」を作るための様々な施策に取り組みながら、現在では冒頭で紹介したような全社員のDX人材化に成功しています。

そこで次章では、日本M＆Aセンターの取り組みを紹介しながら、人を動かして組織のDX化に至るまでの経緯を見ていきます。

第2章

日本M&Aセンターが急成長できた理由

2014年、日本M&Aセンター「Salesforce」導入

日本M&Aセンターは、中堅・中小企業を対象としたM&A仲介事業を、国内7拠点（東京、大阪、名古屋、福岡、広島、札幌、沖縄）、海外5拠点（シンガポール、ベトナム、マレーシア、タイ、インドネシア）で展開する会社です。

1991年の創業以来ずっと、全国の中堅・中小企業の友好的M&Aを支援し、成長を続けてきました。全国の金融機関や会計事務所と提携し、独自の情報ネットワークを築いていることと、膨大な過去のマッチングデータや成約データをもとに最適なマッチングを行うことができることを強みとしています。営業は「会社を売りたい」「買いたい」というニーズをヒアリングし、それをもとにマッチングを行い、M&Aを成約に導きます。

現在では年間約500組のM&Aを支援しています。全国のあらゆる業種の企

業が顧客なので、データの量もそれだけ増えていきます。

２００６年に東証マザーズへ上場し、２００７年には当時史上4番目の早さで東証一部への市場変更を果たしました。２０２２年には東証プライム市場へ移行し、２０２３年12月末時点で６００名超のコンサルタントを擁し、累計成約実績は８５００件超にのぼります。

そして現在では、「世界一のＭ＆Ａ総合企業」を目指し、グループ全体では企業評価からＰＭＩ（Ｍ＆Ａ後の統合プロセス）までのＭ＆Ａの総合支援を行っています。

急成長の背景には、日本企業を取り巻く厳しい環境があります。

まず、中小企業経営者の高齢化と深刻な後継者不足です。

中小企業庁の発表によれば、２０２５年までに日本の中小企業・小規模事業者の経営者約２４５万人が70歳以上になることに加え、その半数の約１２７万人が後継者未定、さらにこのうちの半数の約60万社が黒字廃業の可能性にあるとされています。

この状況を放置すれば、２０１６年から２０２５年の10年間で累計約６５０万人の雇用と約22兆円のＧＤＰが失われる恐れがあるという試算もあります。

Ｍ＆Ａによって１社でも多くの企業を廃業の危機から救い、雇用と技術を守ること、それが日本Ｍ＆Ａセンターのミッションです。

全体の流れを図に示しますが、Ｍ＆Ａのプロセスにはたくさんのステップがあります。現在日本Ｍ＆Ａセンターではこの全てのス

2025 年までに 60 万社、年間 6 万社が黒字廃業の危機

中小企業・小規模事業者の 2025 年における年齢

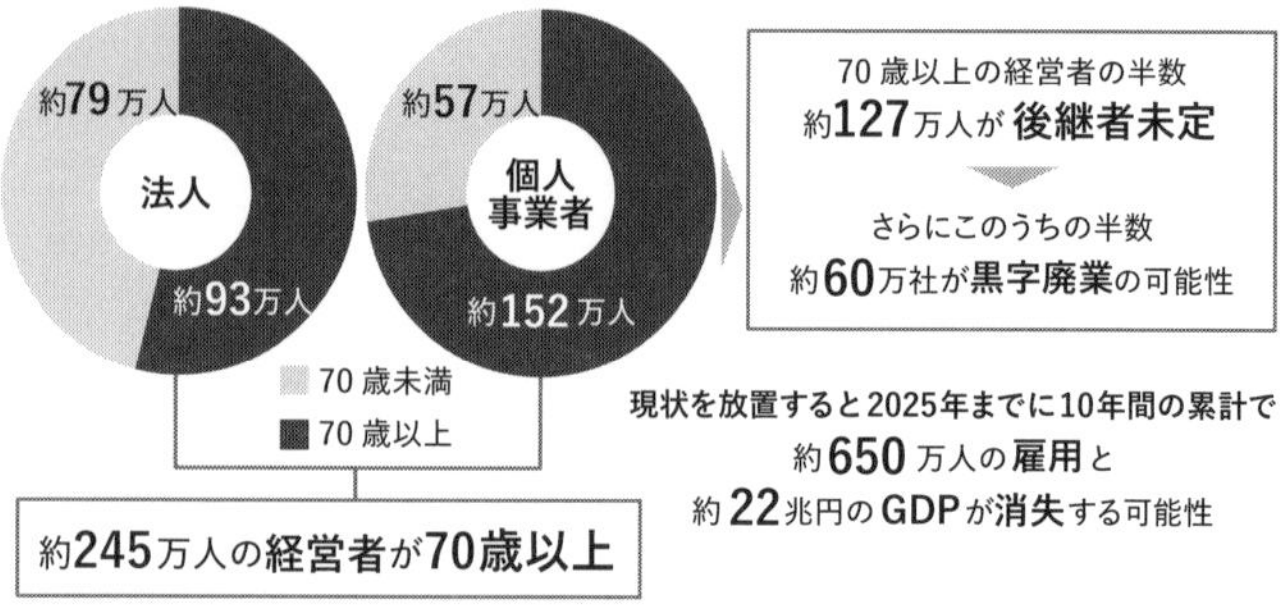

出典：平成 28 年度総務省「個人企業経済調査」、
平成 28 年度帝国データバンクの企業概要ファイルから中小企業庁推計

テップにおいて、1つのデータベースでしっかり情報が管理されていますが、10年前の当社はコンサルタント一人ひとりが全て属人的に管理している状況でした。

2014年1月、日本M&AセンターはSalesforceを導入しました。今でこそ1000人を超える会社ですが、当時は100人程度の小さな会社でした。国内のM&Aニーズの急増に対応していくため、会社を飛躍的に成長させていくために、情報の一元管理を行い、強い営業組織を作ることがSalesforce導入の目的でした。Salesforce導入と同時に、私は推進担当にアサインされました。1人目の専任担当です。

当初は導入こそしたものの、データはからっぽで、すぐには現場に定着せず、ログインすら安定しない状態。さらに私自身も、新卒数年目、システム経験も営業経験もゼロ、それどころか社会人経験すらほぼないところからのスタートでした。

M&Aプロセス

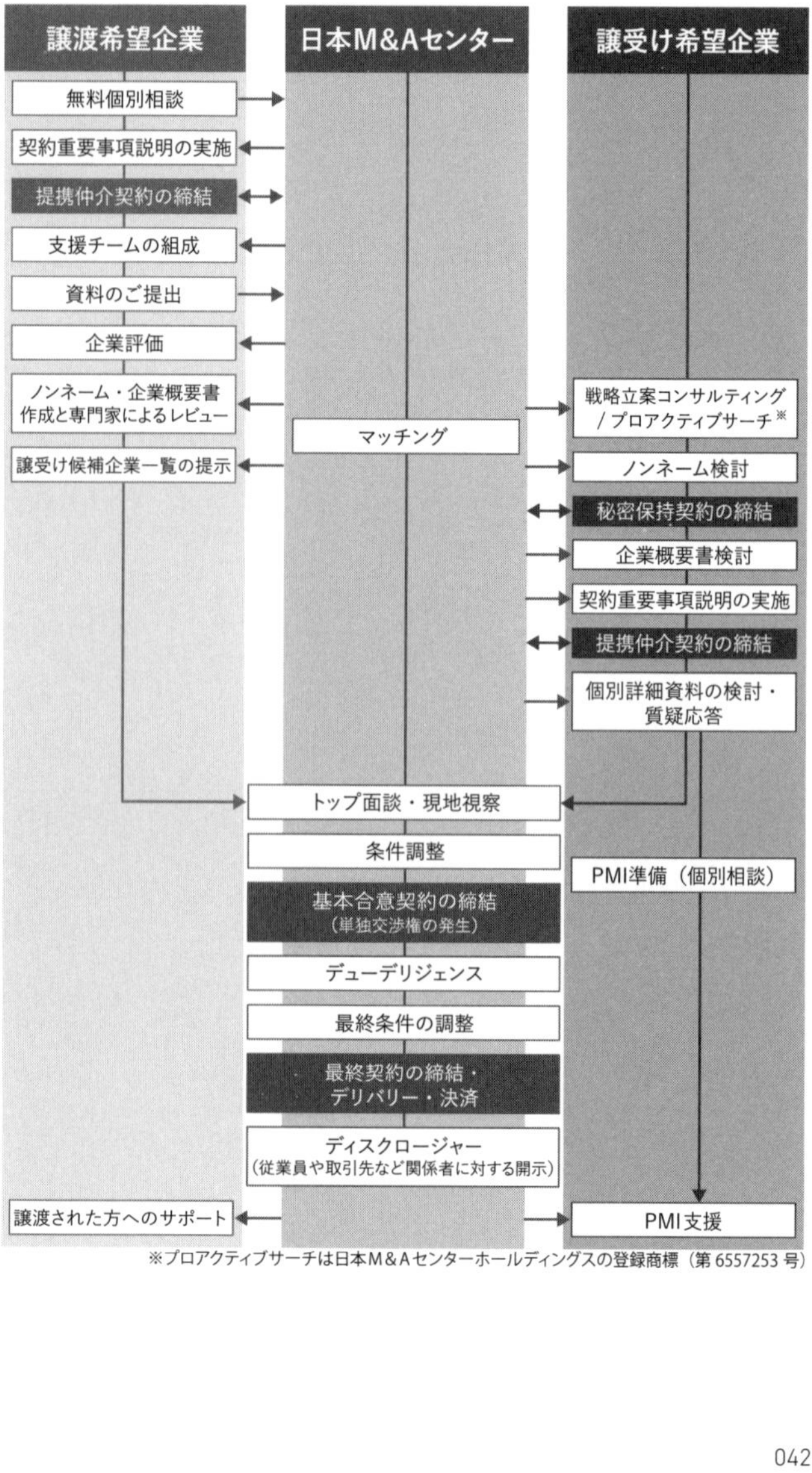

※プロアクティブサーチは日本M&Aセンターホールディングスの登録商標（第6557253号）

■案件一覧表を作ってはいけない

Salesforce導入後、まず一番に取り掛かったのが、M&Aの案件情報の整備でした。

M&Aの仲介において、譲渡企業と譲受け企業の顧客情報の管理は、より良いマッチングを行うための要となるものですが、実は当社ではそれまでほとんど管理されていませんでした。

そもそも当時は、社内にM&Aの譲渡希望案件の一覧表がありませんでした。中小企業の社長から会社を売りたい（譲渡したい）と相談を受け、提携仲介契約を結んだ、いわゆる「買い手探し中」の案件一覧です。「誰も一覧表を作ってはいけない」というルールがあったからです。

というのも、譲渡希望案件一覧のデータをエクセルなどで作っていると、社外の人に誤送付してしまうなど、情報漏洩リスクと常に隣り合わせになります。

M&Aでは、秘密保持が何よりも重視されます。「あの会社は売るらしい」という情報が広まると、勝手な臆測でうわさをされ、M&Aが成立しなくなることもあるのです。

情報漏洩は、会社としては信用を落とす致命的な事故になるので、あらかじめそうしたリスクを抱えないようにと設けられたルールだったのです。

では、どうやってM&A案件をマッチングしていたかというと、非常にアナログかつ属人的な方法でした。

売り手担当と買い手担当が個別に「最近何かいい案件ない?」と社内で会話を交わしてマッチングしたり、全社員会議で「◯◯の案件があるのですが、いい相手先はいませんか」と募集をかけたり。そんな状態だったので、営業担当として入社した社員が一番はじめに取り組むことは、社内にある譲渡希望案件を全て暗記することでした。

営業社員が数十人で、譲渡希望案件が100件程度だった当時はそのやり方でなんとか成立していましたが、会社を拡大させていくためには、しっかりとした顧客管理と案件管理が必要不可欠です。

知識も経験もゼロの私でしたが、データの整備であればできるだろうと、まずは必死に案件情報の整備を行いました。

可能な限りタイムリーに情報をキャッチして、Salesforceに地道に反映させ、営業担当者がマッチングに必要な情報をシステム内に蓄積させていくと、気づけば営業担当者が当たり前にログインし案件を検索するようになっていきました。

このように、初めは本当に地味な方法で走り始めたSalesforceの導入プロジェクトでした。

業務フローの変化（売り案件マッチング）

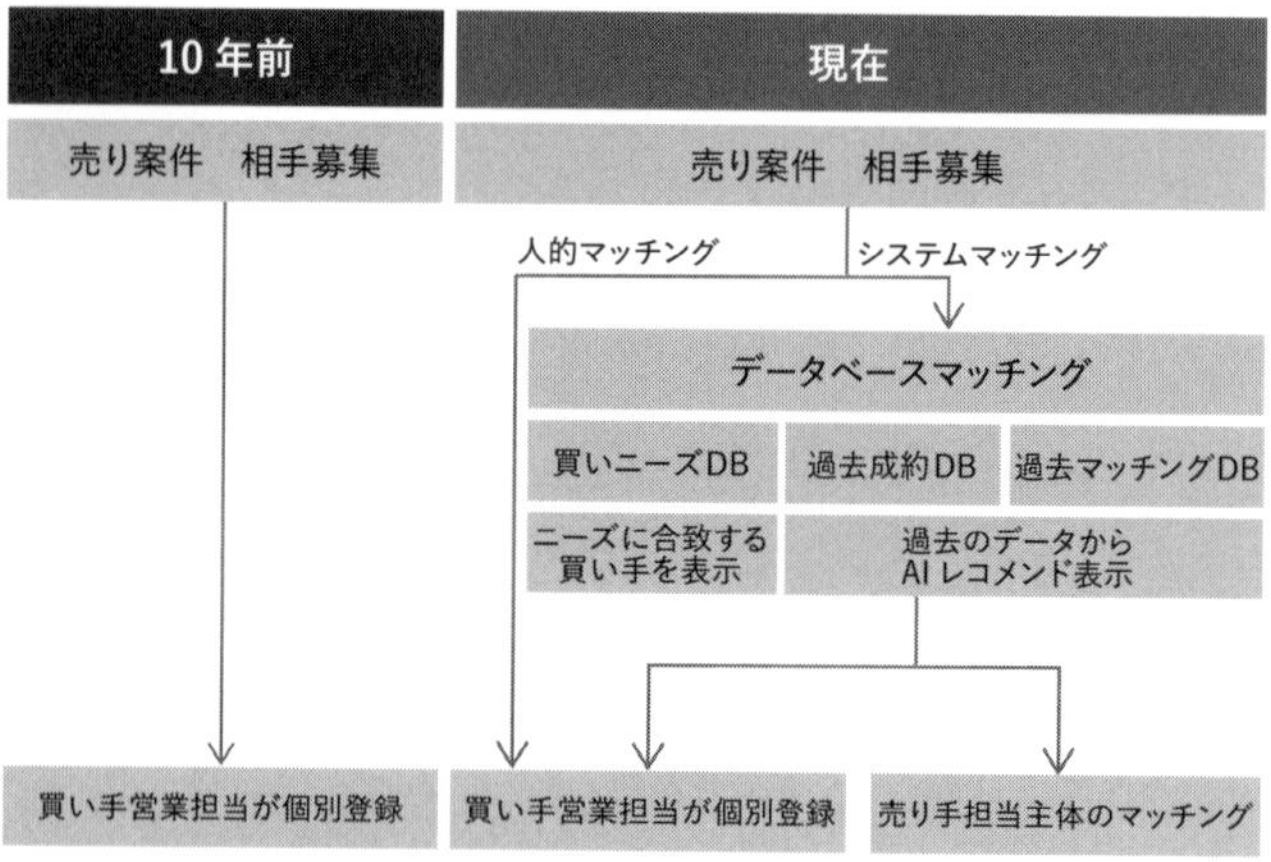

業務フローの変化（買いニーズヒアリング）

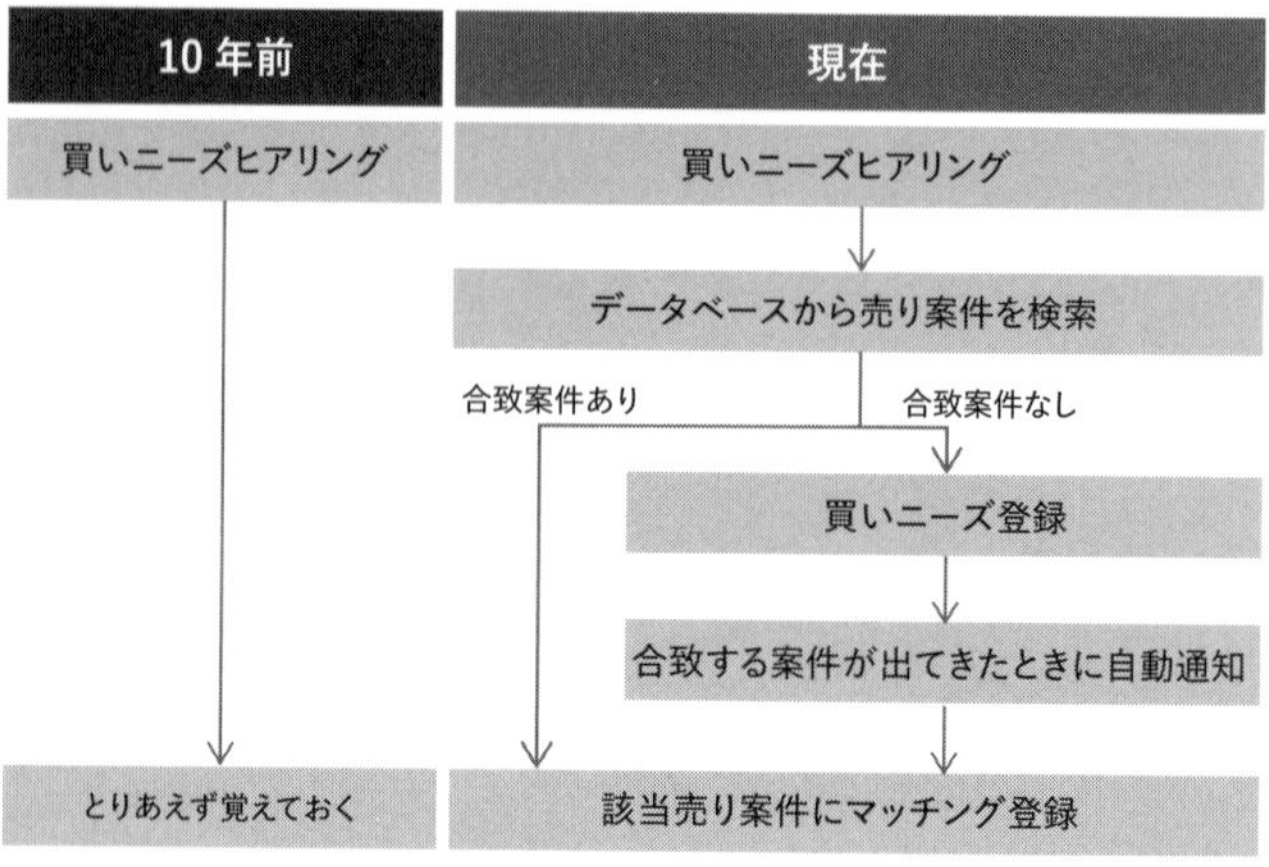

営業情報の蓄積にかける社長の想い

日本M&Aセンターでは、日々の営業活動のデータこそが一番の経営資産と考え、その蓄積を徹底的に行ってきました。営業一人ひとりが顧客と会って得た情報をデータベース化し、その量と質を上げていくことこそが生産性アップにつながると考えています。

当時、社長の三宅は、毎月の全社員会議で繰り返しデータベース構築の意義を発信していました。以下メッセージの一部を抜粋します。

○我々の商品は情報。当社における情報は、金融機関における現金とまったく同じ

○その日の営業活動で得た情報をその日入力せずに帰宅することは、銀行員が預

かってきた現金を処理せず机の中に入れて帰宅することと同等
○面談記録を書きながら振り返りを行うことで「自分の成長のため」にうまく活用してほしい
○データベース構築は、「生産性の圧倒的な向上」を目指し、その結果として「社員の処遇をさらに良くしていく」ためのもの

こういった話を毎月繰り返し続けてもらいました。何度も三宅の話を聴いて、社員全員が理解した後も、繰り返し発信してもらいました。

そうはいっても、理解することと実際に入力を行うことは別問題で、入力をしない人も出てきてしまいます。そこで、入力を習慣化するためのルールを設けました。

日本M&AセンターのSalesforce運用ルール

①７日間営業活動の入力がなかった場合、Salesforceへログインできなくなる仕様で、解除には社長直筆のサインが必要

②活動の登録は１００字以上（種別によっては４００字以上）の入力必須。満たさないものは仕事をしたとみなさない

③きちんと情報を入力すれば、その企業は6カ月間自分の担当顧客とみなされる

少し形を変えていますが、現在でも同様のルールは継続しています。

データベース構築の重要性を社員全員が理解していること、そこまで高くないハードル（理由なく7日間営業活動をしないことはありえないという暗黙の共通認識）を設けること、そして何より経営陣の覚悟によって運用ができているのです。

機能と運用のブラックボックス化

導入から3年半ぐらい経過した頃、日本M&Aセンターはこれまで述べたような施策を打ってきたこともあり、Salesforceへのデータ入力は定着し、好事例として取り上げられるほどになりました。私自身もかなりシステムに詳しくなり、業務改善や仕組み作りをたくさん行えるようになっていました。

ただ、ここで問題になってきたことが2つありました。

①導入時に外注してカスタマイズで作ってもらった開発機能がネックになって
機能追加できない
→機能のブラックボックス化

②Salesforceの追加改修を私1人で記録も残さず行ってきてしまったため、引き継ぎが困難
→運用のブラックボックス化

今後もビジネスは拡大が予想されますし、この2つの問題によってシステムの拡張性が損なわれているのは致命的なことでした。

そこで、今まで作ってきたものを全部捨て、ノーコード・ローコードのみでわかりやすいシステムに全面リニューアルすることを決断しました。運用についても、改修記録を全社員が見える場所に作り、複数人で運用してもぐちゃぐちゃにならないよう、ルールとマニュアルの整備を行いました。

リリース直前の抵抗と直後の大クレームの嵐

起案したのはいいものの、システム経験は独学のSalesforceのみ、ここまでの大型プロジェクトも初めてだったので、それはそれは大変なものになりました。期間も1年半ぐらいかけ、日々手探り状態で続け、なんとかリリースまでこぎつけました。

さらに、いよいよリリースというタイミングで、社内から「新しいものだと業務上困る」という声が出てきたり、リリースの直前になって「ここに不具合があるのですが、本当に使っても大丈夫ですか?」と言われたりすることもありました。どれだけの不具合を解消しても、「じゃあ、ここはどうなるんですか?」と問い合わせが相次ぎました。

これらの声が挙がった理由は、現場が本音ではそのツールを使いたくないことの表れだったのです。

こうした抵抗勢力が生まれる原因は、論理的に説明できることばかりではなく、気持ちの面が大きいと考えています。

たとえば、「自分たちは重要なポジションを担っているはずなのに、仕様の変更を知らされていない」「そんな重要なツールを導入するのなら、事前に伝えてくれるべきではないか」といった不満です。

こうしたコミュニケーションをすっ飛ばし、「これからの組織に必要なのです」「一緒に頑張りましょう」などと無理やり進めても、現場が自分ごととして捉えるのは難しいでしょう。

また、リリースしてからも日々クレームの嵐を受けました。

「前より使いにくくなった」

本当に、何度言われたかわかりません。その都度心の中では、「使いやすくするためにリニューアルしたんじゃない」と思っていましたが、それはしっかりとリニューアルの目的を伝えきれていなかったということでもあります。

リニューアルによってシステムだけでなく、業務のやり方も大きく変わりました。私はシステムを作ることで手いっぱいになり、現場の負荷を深く考えずに進めてしまっていました。

現場が今までの業務を変えることは、多大なエネルギーを要するものです。システム担当者はこのことを理解して進めなければうまくいかないと身をもって痛感しました。

■面倒な作業こそ、楽しくするための演出を

リニューアル直後、社内から「使いにくくなった」と大クレームを受けた理由の一つに、せっかく作ったマニュアルをなかなか読んでもらえなかったことが挙げられます。

当然ですが、淡々と書かれたマニュアルを読む人はほぼいません。そのことに気づき、マニュアルを作る際に漫画を活用することにしました。

その際、社長の三宅からも「マニュアルを堅苦しいものではなく、ブログみたいな軽いノリのものにしてみてはどうか」とアドバイスを受けました。

そこで、新人なら誰もが一度は経験するような仕事での失敗の〝あるあるネタ〟をベースに、先輩と新人が会話をしながら仕事を教えるという漫画を作ることにしました。登場人物は必ず実在する社員から選出し、イラスト作りが得意な同僚に作画をお願いしました。

内容としては、マニュアルの中でもみんなが引っ掛かりそうな所や、「スマホからの入力方法」など、問い合わせが多かった所をテーマに作成を始めました。それを週に1回全社に配信し、さらにプリントアウトしてコピー機の横に掲示して、社員の目に触れるよう意識をしました。

身近な人がモデルとなった漫画なので、内輪ネタとして面白がりながら読んでくれる社員が増えました。また、絵を描く担当も毎回変えていたので、「あの人って絵がうまかったんだ」など、社員同士で盛り上がる連載となりました。その結果、システムの問い合わせの数は少しずつ減っていきました。

ポイントはできる限り社員を巻き込むこと。自分の登場する漫画や、自分の描いた漫画は、他の人にも見てもらいたい、と思ってしまうものなのです。

社内で実際に使用したマニュアル①

【創刊号】2019.6.10

★新人日記★

～Salesforceで解決編～

－携帯電話で「活動」が登録できる－

O君、先週の訪問結果がSMDに入ってないよ。忙しいのは分かるけど・・・。
とはいえ、その日の活動はその日のうちに入力しないとダメだよ！！

K法人部長

～その日の同期会で～

今日、K部長にSMDの入力が遅いって怒られたよ。
でも、移動時間も長くて入力する時間がなかったんだよね。

新人O君（法人）

わかる、わかる！ みんなどうしてるんだろう？

新人K君　（証券）

えっ。まさかみんな会社のPCで入力してんの？
携帯電話から簡単に入力できるよ。

新人F君　（会計）

・携帯での行動登録はたった3ステップ

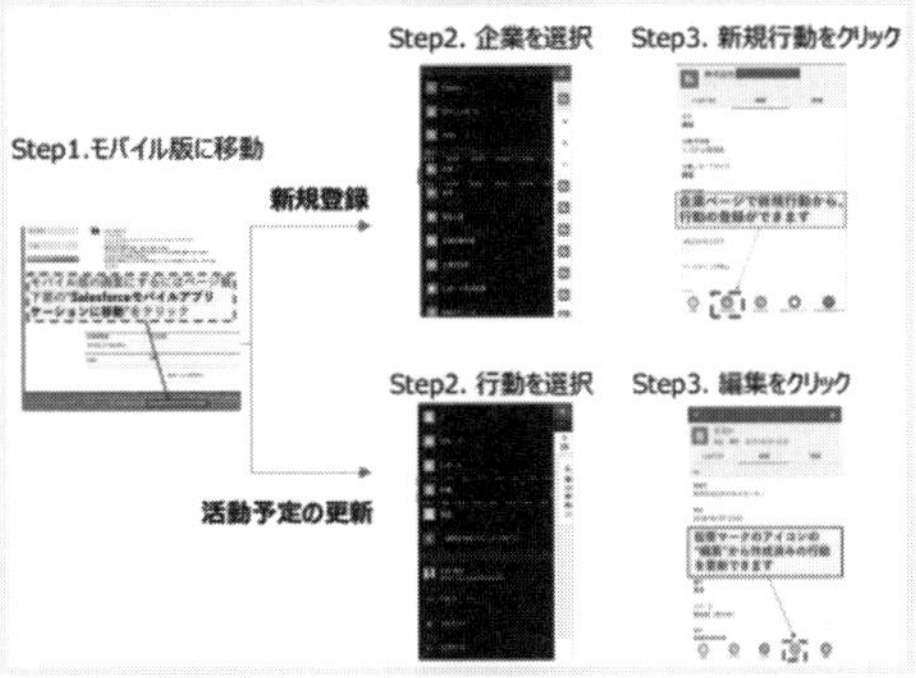

各部でレクチャー実施しています。
基本的な操作方法はもちろん、ちょっとしたコツなどもお伝えしています！

夜や朝の時間帯や地方拠点でも対応可能なので、ご希望の部署・チームはお気軽にお声掛けください！

注意点
① VPN切れに注意！（入力中にかかってきた電話に出るとVPN切れるという情報があります）
　→メモ帳等にあらかじめ内容登録しておくと安全です
② 企業担当者は一人しか紐づけられません。
　→2人以上会った面談については、帰社後PCから必ずデータ更新しましょう。

【発行元】[redacted]

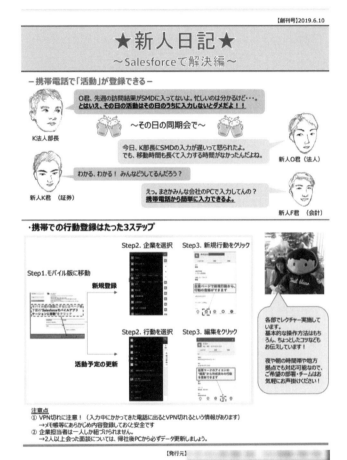

社内で実際に使用したマニュアル②

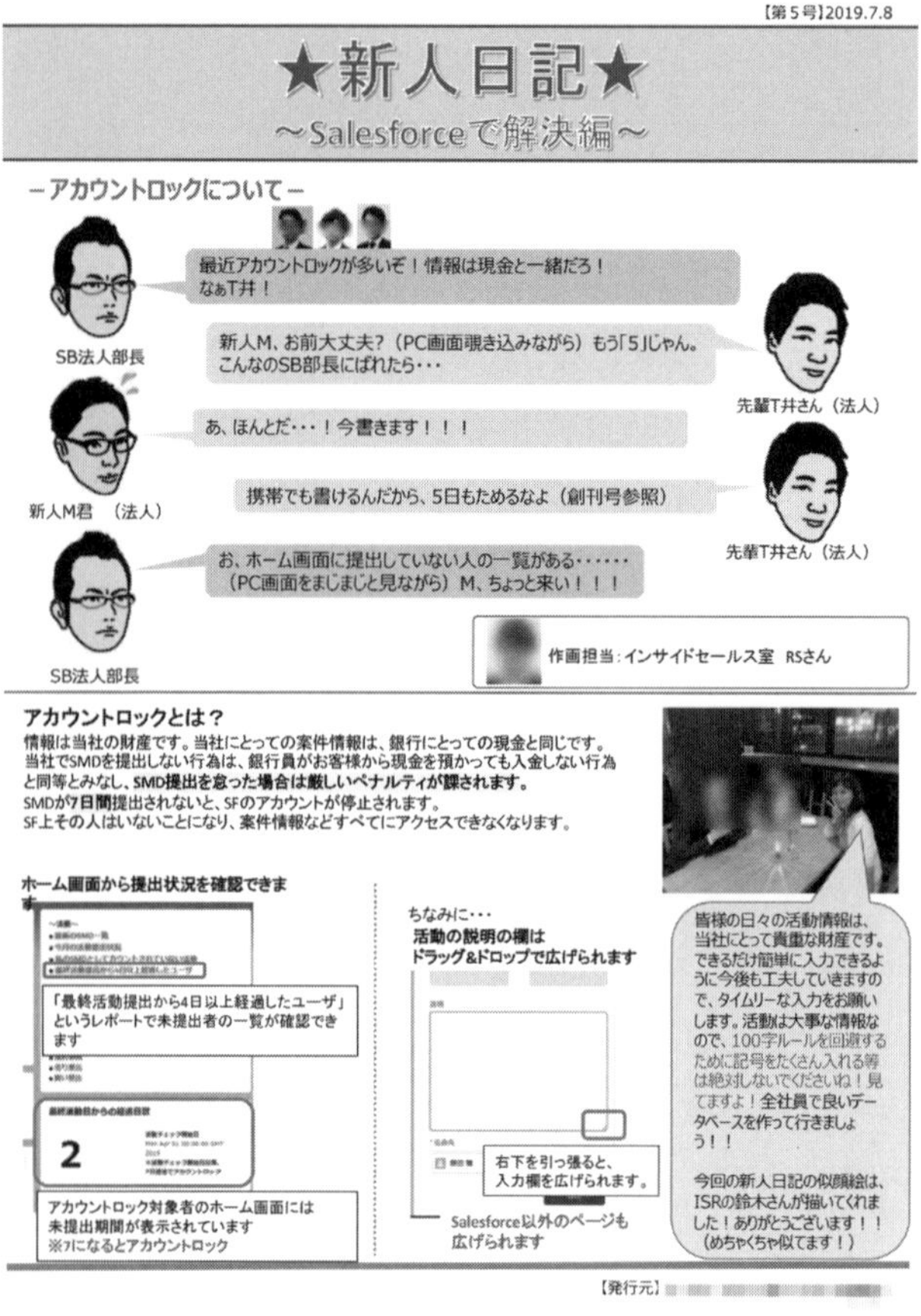

【第5号】2019.7.8

★新人日記★

～Salesforceで解決編～

－アカウントロックについて－

SB法人部長：最近アカウントロックが多いぞ！情報は現金と一緒だろ！なぁT井！

先輩T井さん（法人）：新人M、お前大丈夫？（PC画面覗き込みながら）もう「5」じゃん。こんなのSB部長にばれたら・・・

新人M君（法人）：あ、ほんとだ・・・！今書きます！！！

先輩T井さん（法人）：携帯でも書けるんだから、5日もためるなよ（創刊号参照）

SB法人部長：お、ホーム画面に提出していない人の一覧がある・・・・・・（PC画面をまじまじと見ながら）M、ちょっと来い！！！

作画担当：インサイドセールス室　RSさん

アカウントロックとは？

情報は当社の財産です。当社にとっての案件情報は、銀行にとっての現金と同じです。
当社でSMDを提出しない行為は、銀行員がお客様から現金を預かっても入金しない行為と同等とみなし、**SMD提出を怠った場合は厳しいペナルティが課されます。**
SMDが**7日間**提出されないと、SFのアカウントが停止されます。
SF上その人はいないことになり、案件情報などすべてにアクセスできなくなります。

ホーム画面から提出状況を確認できます

「最終活動提出から4日以上経過したユーザ」というレポートで未提出者の一覧が確認できます

2

アカウントロック対象者のホーム画面には未提出期間が表示されています
※7になるとアカウントロック

ちなみに・・・
活動の説明の欄は
ドラッグ&ドロップで広げられます

右下を引っ張ると、入力欄を広げられます。

Salesforce以外のページも広げられます

皆様の日々の活動情報は、当社にとって貴重な財産です。できるだけ簡単に入力できるように今後も工夫していきますので、タイムリーな入力をお願いします。活動は大事な情報なので、100字ルールを回避するために記号をたくさん入れる等は絶対しないでくださいね！見てますよ！全社員で良いデータベースを作って行きましょう！！

今回の新人日記の似顔絵は、ISRの鈴木さんが描いてくれました！ありがとうございます！！（めちゃくちゃ似てます！）

【発行元】

成功事例を作る

クレームが落ち着き、ある程度現場で使えるようになると、次はより活用できるようにしたいと考えるタイミングがやってきます。そこで行ったのが、現場と担当者が連携し、システムを活用した成功事例を作り出すことでした。

成功事例を作る際に大切なのは、現場社員の人選と戦略です。

そして、この成功事例を作っていく人材は、現場の人が真似をしたいと思うような人を選ぶのがポイントです。こうして、成功事例を作ったロールモデルが現れると、一気に社内に「私たちにもできそう」という空気が漂ってきます。

これは商品やサービスを広める時にも同じ考え方ができます。

世の中にない新しい商品であれば、お客さんはその商品を使うシーンや得られる結果を想像しづらいですが、誰かが使っているのを見聞きすると、自分が使っているイメージができるのではないでしょうか。その際、芸能人やインフルエンサーが紹介する場合もあれば、一般人のモニターが感想を述べる場合もあります。あるいは、知人の感想が最も効果を発揮する場合もあります。

こうした社内での成功事例を再現性のあるものにするには、偶発的な結果を期待するのではなく、戦略的に作り出す視点が大切です。そのためには、「システムを活用し、こうした成果を出してほしい」とあらかじめストーリーを描いておくことです。

広めたい客層によって商品PRの方法を変えるように、新人なのかベテランなのか、社内で広めたい層を想定し、それに沿った人選をしていくわけです。

■本人の口から語ってもらう

成功事例を作ることができたら、その事例をPRするために自分の言葉で話してもらう必要が出てきます。

日本M&Aセンターでは、社内のセミナーや研修を通してPRを行いました。たとえば営業部のデータ活用を推し進めたい場合。現場で活躍している営業部長に「こういうダッシュボードを作ってみませんか」と話をもちかけ、営業部長の意見も取り入れながら専用ダッシュボードを一緒に作ってあげるようにします。その後、営業部長本人にダッシュボードの使い方やこだわったポイント、効果などを語ってもらう、という手順を取りました。

すると、「〇〇部の運営がうまくいっているのは、このツールのおかげだったのか」と現場が認識し、自分もやってみたいと思ってくれるようになるのです。

ポイントは、**狙いたいゾーンにクリティカルヒットする人とシナリオを選ぶ**ことです。その結果、後に作ったSalesforceの社内資格制度では、ツールの活用を極めたい社員からの応募数アップにもつながりました。

DX人材育成制度を作る

より加速度的にDXを推し進めるため、現場のデータを活用しながら、業務に合わせてシステムを構築できる人材がほしいと考えるようになりました。

現場の業務に詳しければ、業務を効果的に改善するためのシステムを作ることができます。日々変化し拡大し続ける現場の業務に詳しい人材のほうが、多くの改善を行うことができるはずです。

しかし、日本M&Aセンターは社員数が1000人近くまで成長してきていて、部署の数も膨大でした。とてもじゃありませんが、数名のシステム担当者で、現場を深く理解するのは不可能です。

それならいっそのこと、業務に詳しいシステム担当者をたくさん作るのではなく、全社員のシステム知識レベルを上げてしまおう、と発想を転換することにしました。

そこで考えたのが、「社内資格制度」です。

難易度に合わせて入門コース、初級コース、上級コースの3種類の資格認定を設け、初級や上級の資格を取得するには、実際に自分や自部署の業務を改善するダッシュボードやシステムを構築し、卒業発表として部門長へのプレゼンテーションを行うことを条件としました。

プレゼンでは、資格取得の過程で実際に自分が作ったものとその業務改善効果、また資格取得後の業務改善アイデアについても発表してもらいます。これにより、**ただ提供されたツールを利用するだけでなく、データをもとにした問題解決や、システムを構築しながら自部署の業務改善ができる人材を育成することができました。**

また、上長にプレゼンしてもらうことで、上長を巻き込むことに成功しました。これにより、上長が別のメンバーを送り込んでくれたり、みずから資格取得に取り組む人が出てきたりしました。

社内資格コース

	取得スキル	受講要件	報酬	合否判断
入門コース MDS（レポート編集）	雛形レポートの活用	なし ※新入社員受講必須	なし	確認テスト合格点以上
初級コース MDA（データ分析活用）	レポート / ダッシュボード作成	なし ※正社員登用要件	なし	カリキュラム全修了
上級コース MDD（カイゼン資格）	自分で改善要件を整理できる	初級コース修了	一時金 10,000 円 月額 1,000 円	実務テスト
Salesforce 資格取得 認定アドミニストレーター	Salesforce 管理者	上級コース修了	一時金 20,000 円	試験合格

社内資格取得者数

Management Data Starter 入門コース	514 名修了
Management Data Analyst 初級コース	342 名修了
Management Data Designer 上級コース	36 名修了

2024 年 2 月 1 日時点

■現場主導でDX化を考えられる組織に

こうした社内資格制度を作った結果、学んだ社員が率先して業務改善に取り組むようになりました。

一度、業務改善の成功体験を得ると、社員も仕事がしやすくなることに喜びを覚えて、こちらから何か言わなくても自ら改善を進めてくれるようになったのです。

「今までは効率的でない業務があったけれど、具体的にどうすればいいかわからなかったし、何ができるかわからなくてあきらめていた。だけど、社内資格制度でDXを学んだことで、これだけ自分の手で業務を効率化できることがわかり、様々な可能性を考えられるようになった」と話してくれた社員もいました。

社内資格制度は、社内のDXを強烈に推進するだけでなく、社員の意識そのものを変えるものに進化を遂げました。

また、会社の制度にすることで、資格取得を目標に組み込む社員が出てきたり、社内公募を出す際の条件に資格取得済みであることが明記されるようになったりと、勝手に広がっていくようになりました。

ただ、一口に業務改善といっても、そのほとんどは目には見えにくいもので、日々の仕事の中では陰に隠れてしまうものです。

だからこそ、社内資格制度のもう一つの狙いとして、陰に隠れがちな業務改善を日の当たる場所に出し、現場の誰もが見えるようにしたいと考えました。

現場からすれば、業務改善は面倒なもので、すぐに売上や利益が変わるわけでもありません。それではDXへ取り組むモチベーションも湧かないので、ツールの運用がある程度浸透した段階では、**業務改善自体を成果として評価できるような環境づくり**に注力したわけです。

DXを推進する立場として取り組む中で気づいたのは、こうした現場とのDXの一歩目を並走していくことの大切さでした。

そして、業務改善で得た成果を周りにも見えるようにして、発信していくことが

組織全体のモチベーションの底上げにつながるコツだったのです。

日本M&Aセンターの社員の意識が元から高かったのでは、と思われるかもしれません。それもあったかもしれませんが、重要なのは社員一人ひとりの力を信じ、丁寧に仕組みを作ることです。

実際、派遣社員や新卒の若手社員から60代のベテラン社員まで、本当に多くの人が改善に取り組んでくれるようになりました。

こうした社員の力が、会社の成長の原動力につながっていることは言うまでもありません。

「現場が自走する組織」を実現するために

Salesforceの定着と活用を行った結果、様々な成果を出すことができました。その代表的な例として、私たちが社内コンテストとして実施した「Salesforce CUP」で表彰された社員の取り組みを紹介します。

日本 M&A センター Salesforce CUP とは

初級（MDA＝Management Data Analyst）コース、上級（MDD＝Management Data Designer）コースの取得者を対象とし、各部署で取り組んだ活用事例を日本 M&A センターグループ全体に発信する場として設けられたコンテスト。
2023 年は 24 名がエントリーし、優勝者 1 名を含む計 5 名が表彰された。
当日はオンラインで約 300 名の社員が視聴し、投票を行った。

Salesforce CUP の社内用ポスター

■1人で1万時間の業務時間削減に成功（マッチング推進課　Iさん）

M&A成約までのプロセスの1つであるマッチングには、「ネームクリア取得（買い手候補となる相手先へ、案件を持ち込んで良いかどうかの許可を、売り手側の企業から得ること）」「買い手への提案」「提案結果の報告」といったいくつかのフローがあります。これらのリードタイムの短縮を目指した改善に取り組んだのがIさんです。

たとえば、買い手候補企業が未入力という状態を生まない仕組みづくりや、入力ミスの撲滅、買い手候補企業の重複入力を避けるシステムを構築しています。これによってミスの確認やデータの修正、重複の確認などに要していた時間を大幅に縮小できました。

また、蓄積されたデータを活用し、譲渡案件の検索に特化した機能を構築したことで、案件を見つけやすくなりました。

さらにはネームクリアの取得予定を買い手担当者に自動通知する仕組みも構築し

ました。

これらの改善を全て積み上げて効率化した結果、年間で計1万時間の業務時間削減という成果を出すことができ、また成約率も向上させることに成功しました。

■昨対比125%！過去最高の受託数を達成（経営企画課　Yさん）

当社のビジネスにおいて、地方銀行は大切な提携先です。その地方銀行との接触履歴を管理・分析する業務フローを大幅に短縮させた事例です。

エクセルとSalesforceを行ったり来たりし、エクスポートや添付の作業を繰り返し進めていた業務フローを効率化しました。

その結果、ダッシュボードを使って一括で営業社員の行動量を把握できるようになりました。エクセル管理は不要になり、年間約1000時間の削減を達成しています。

さらには「営業社員の売上増につながる行動とは何か」を分析しました。これには多変量解析という統計学の知識を用いて、「（案件先企業との）初回面談」「2回目以降面談」「案件相談」「定例会議」「表敬訪問・懇親会」「勉強会・セミナー」の中から重要度の高いものはどれかを分析し、発表しました。

その結果をもとに部内の表彰を行うなど、営業の行動に反映されるよう働きかけた結果、前年比で125%の受託数につながりました。

■1日のインサイドセールスのコール数が3・5倍に(ISR部　Mさん)

インサイドセールスを担うISR部で行われたのは、営業電話(アウトバウンドコール)の改善でした。

現場では、1回の電話にかける時間を、1分でも30秒でも短縮できるよう試行錯誤をしていました。

電話をする際は、企業情報をPC画面で見ながらかけるので、画面内の無駄な情報を一切排除し、自動化するといったことを積み重ねることで、1件の電話にかかる時間を短縮しました。そうすることで、新たなお客様と接触する時間を増やすことに成功しました。

また、同じ企業に同時に電話をかけてしまう「バッティング」が発生しないように、誰かが電話しているときにはSalesforce上の企業の箇所に赤い目印（コール中アラート）が点灯するようにしたり、電話内容を記録するときに毎回手打ちしていたテキストを、Salesforce内に「よくある文言」として格納し、クリックするだけで選べるようにしました。

その結果、２０１６年のＩＳＲ部発足時、社員１人あたりの電話件数は１日20件だったところから、２０２２年には70件と3・5倍へと増やすことに成功。最も多い社員は１００件以上も電話がかけられるようになりました。徹底的に無駄の排除、省力化を行った成果です。

この他にも、Salesforce CUPでは素晴らしい改善事例が数多く報告されています。さらにはエントリーされた24の事例以外にも日常的に大小の改善事例が生まれており、まさに全社でＤＸ化による業務改善が、今も同時多発的に起きているのです。

第
3
章

SaaS導入〜活用 5つのステップ

「導入したシステムを有効活用させて、実際にＤＸを進めていくにはどうしたらいいのか」

この疑問に答えるのが本章の役割です。

ここまで、私たちが取り組んできたことをお話ししましたが、10年間の中でうまくいったこと、失敗したことが、たくさんありました。その経験の中で、「このステップをクリアしなければうまくいかない」というノウハウを作り上げました。

まず、導入から全社員ＤＸ化までには、大きく分けて「定着化フェーズ」と「活用フェーズ」があります。当然ですが定着化が完了していない状態では、活用も何もありません。ここでは、全社員が当たり前にシステムを使う状態になったことを、定着化の完了と定義します。

定着化、活用のために、さらに細かくやるべきことを考えていくと、クリアすべきステップは次の５つです。

① 理念浸透
② 習慣化
③ デジタルアダプション
④ 活用風土の醸成
⑤ ツールの民主化

では、ここから5つのステップの概要と、実際に私たちがどのように行ってきたのかを説明していきましょう。

SaaS（日本M&Aセンターの場合Salesforce）
定着化・活用までの5ステップ

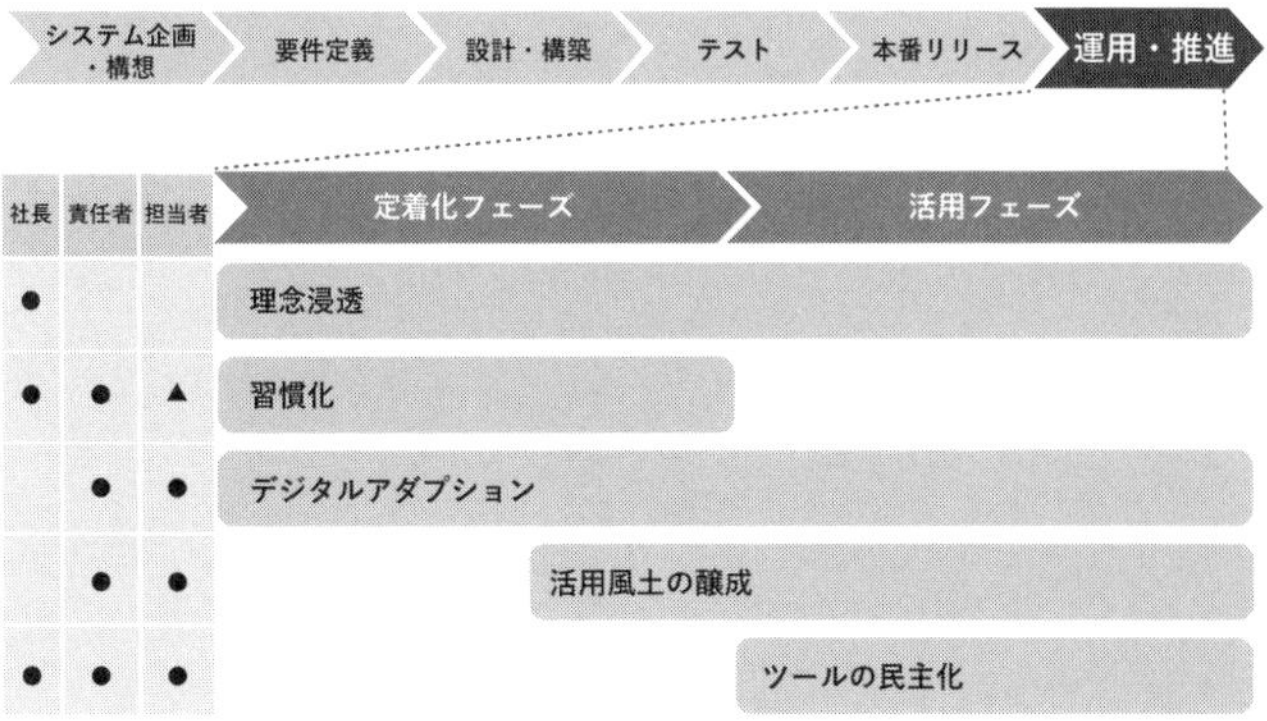

STEP 1

理念浸透

全社で「DXを進める目的」の共通認識を持つ

ITシステムを入れる際には、なぜ導入するのか、導入して何を実現したいのかという「理念」を社員に伝えることが大切です。

何を当たり前のことを、と思うかもしれませんが、実はこれが一番重要で、一番難しいことでもあります。

ただ伝えるのではなく、可能であれば全社員、少なくとも大多数の社員が心の底から理解し、同じ目的に向かう「仲間」になる必要があるからです。

システム導入後、動きを変えなければいけないのは現場の社員です。必ず負荷は現場にかかります。DX化は甘いものではなく、苦しいことや難しいことの連続です。それを乗り越えるためには、重要な意味をもつステップとなります。

理念の浸透は、トップの人間が行うことが望ましいです。そして繰り返ししつこ

く発信を続けてください。そうすることで、全社員が経営陣の覚悟を感じることができるはずです。

社長の場合もあれば、現場のトップ、たとえば営業本部長のような人の場合もあるでしょう。いずれにせよ、システムを導入する目的を社内全体に浸透させるには、「トップ」が強いリーダーシップを発揮し、半ば強行的にでも推し進める必要があるのです。

■「すぐに効果が出ない施策」には大義名分が必要

企業が新しい施策を始めると、実際に導入の効果が出るまでには時間がかかります。特にデータベース構築のようなものは、実際にデータが活用できる状態になるまでは数年単位で時間がかかり、その間はあまり効果を実感できず、入力ばかりを頑張り続けなければなりません。

さらに営業管理のようなシステムは、入力しなくても業務が回ってしまうことがほとんどです。現場営業からすると、「入力するのは大変」「入力してもしなくても業務上は変わらない」「それなら入力なんてしなくてもいいいか」という思考に、どうしてもなりがちです。

そのような中で全社員に入力を徹底させ続けるためには、**「なぜ入力が必要なのか」「入力を続けた数年後にどのようなビジョンがあるのか」**という大義名分が必要です。


当社の場合は、前章で紹介した通り、社長の三宅が、毎月繰り返し意義を発信し続けていました。

現場とトップとの間には、多くの場合、意識の乖離があるものですが、ただの業務命令ではなく、丁寧に現場社員に寄り添った発信を続けた結果、しっかりと理念を浸透させられたと考えられます。

■現場には一番負荷がかかる

システムを作っている側や推進する側は見落としがちですが、システムを導入する際には必ず現場の運用変更がセットになります。

運用を変更するということは、今までの業務を変えるということで、極めて大きな負荷がかかるということをしっかり認識しておかなければなりません。

作る側からすると、こんなに苦労して作ったシステムを使ってくれないなんてありえない！　となりがちですが（私自身もそう思った経験があります）、苦労して作ったシステムだからこそ、効果を出すためには、作りっぱなしにせず、丁寧に現場に寄り添って対応していくことが不可欠です。

■抵抗勢力はなぜ生まれるのか

システム導入の現場でよく耳にする「抵抗勢力」。

システム導入経験者であれば、リリース直前になっていきなり強く反対されたり、クレームを受けた経験があったりする方も多いのではないでしょうか。前章でもお伝えしましたが、当社でも全面リニューアルの際に経験しています。

なぜ、抵抗勢力が生まれるのか。

それはズバリ、理念が浸透しきれていないからです。

しっかりと情報共有してきたつもりなのに、リリース直前になって「ここに不具合があるのですが、本当に使っても大丈夫ですか？」と言われる。不具合を解消しても、「じゃあ、ここはどうなるんですか？」と問い合わせが相次ぐ。これは現場が本音ではそのツールを使いたくないことの表れです。

ツールを使うのは人間なので、決して論理的なものではなく、気持ちの面が大きいのです。

その背景にあるのは、「検討メンバーに加えてもらえなかった」「事前に相談がなかった」といった不満です。こうした不満を軽視して無理やり進めても、現場が自分ごととして捉えるのは難しいでしょう。

大事なのは、丁寧にコミュニケーションをとり、目的をしっかり共有できた状態でシステムを構築することです。 そうすれば、現場で実際にシステムを使う社員たちを出来上がったシステムを使うだけの「お客さん」や「抵抗勢力」ではなく、「仲間」にしていくことができます。

■ＩＴ部門がけん引するプロジェクトが独り相撲になりがちな理由

ＩＴ部門がシステム導入や推進のプロジェクトをけん引すると、空回りしがちです。

理由は明確で、どこまで行っても当事者になりえないから、です。

すでに何度もお伝えしてきましたが、実際にシステムを使い業務を変化させるのは現場の社員です。システムの担当者がどれだけ必要性を唱え、使ってもらえるよう促しても、実際に現場で使わない人の声はなかなか聞き入れてもらえません。

しっかりと理念を浸透させた上で、自分ごととして考えられる状態でなければ、そのプロジェクトは推進側の独り相撲に終わってしまうことが多いのです。

「私たちの会社はどうなりたいのか」に立ち戻って話し合いを行い、経営者と現場、

ＩＴ部門が三位一体となって、ようやく次のステップに進むことができます。

ステップ1（理念浸透）のポイント

❶ なぜそのシステムを導入するのか、その背景に納得しなければ人は動かない。現場が納得するまで理念を伝え続ける

❷ 理念はトップから、実感の込められた率直な言葉で語る

❸ 現場へのコミュニケーションは丁寧に

❹ 理念の浸透は一度やったら終わりではなく、繰り返し行う

STEP
2

習慣化

システムの「必要性」を作るための運用ルール

理念がうまく浸透させられたとしても、現場が正しく動けるかは別問題です。

データベース構築が将来の会社のために絶対必要なことだと心の底から共感していたとしても、実際にデータ入力がスムーズに進むかというと、そうでもありません。

システムを使うことを特別なことではなく、習慣にしていくことがこのステップの目的になります。

■習慣はなかなか変えられない

重要なことだとわかっていても、習慣を変えるのはなかなか難しいことです。

全社員でデータベースを構築しようと決めたとしても、いざ入力をするとなると、なかなかできない人も出てきます。「営業活動が忙しい」「時間が取れない」「入力が面倒くさい」など、やらない言い訳はいくらでも出てきます。

そもそも、習慣を変えるのは、何においても難しいものです。ダイエットをしたいと思ったそばからケーキを食べてしまったり、健康診断でひっかかったその日にお酒をたくさん飲んでしまったり。

自分1人の習慣を変えることすら一苦労ですし、ご家族の習慣を変えるのもなかなかうまくいかないのではないでしょうか。ましてや、全社員の習慣を変えることは本当に難しいことです。

■身体にしみこませる基礎訓練

習慣化するためには、必ずやらなければならない状況を作り、身体にしみこませ慣れさせることが必要です。

当社では、第2章でも紹介しましたが「営業情報の入力を7日間行わないと、アカウントがロックされてSalesforce上から締め出される」というルールを導入直後に作っています。ログインできなければ、営業に必要な顧客情報の閲覧もできません。

これも、「タイムリーに営業活動情報の入力を行う」ということを、習慣化させるためのルールでした。

こうしたルールを業務上肝になるところで設定することで、少しずつ習慣は作られていきます。

■運用ルールは「守らせる仕組みを作る」ことが重要

ＳａａＳを導入すると、必ずと言っていいほど導入後に勧められるのが、「利活用のモニタリング」です。ログイン率や入力率など、利活用を図るＫＰＩを決め、それをモニタリングするダッシュボードを作ることを勧められます。

これ自体は現状を把握するために必要なことなのですが、実際はダッシュボードを見ても、「ログインが増えないな……」「全然入力されていない……」など、そこでどうしようか迷ったり、思考が止まってしまうことが多いです。**ルールを作る上で大切なのは、「閾値《しきいち》」と「その後のアクション」を決めておくことです。**

アカウントロックのルールであれば、閾値は「活動の未入力期間が7日間」であり、「その後のアクション」は「アカウントを停止し、社長面談の設定を促す」です。当社には他にも、未入力が一定数たまると、新規登録がシステム上できなくなる、といった設定もあります。

いずれも、習慣化のためにはスピードが重要です。モニタリングした結果を見ていちいち施策を検討していたのでは、なかなか習慣化させることができません。

■会社の規模や文化に応じて適切な施策を

第1章でお話ししたことと重複しますが、「習慣化」とは、いかに「このシステムが必要」な状況を作るか、ということに他なりません。

ルールには、これが正解というものはなく、そこで働く社員がどういう考えを持ち、どこを向いて仕事をしているのか、何を求めて働いているのかを考え、一番フィットするルールを設計する必要があります。

会社のカルチャーも踏まえて考えなければならず、それは外部の人には作成が難しく、社内のメンバーで設計する必要があります。

ここまで習慣化のためのポイントについてお話ししてきました。言うはやすしですが、実際はかなり大変です。現場から反発が出ることもゼロではないでしょう。ただ、反発が出るということは、「理念浸透」が不十分ということの表れです。焦らず、ステップ1を並行して行うことが成功のポイントです。

ステップ2（習慣化）のポイント

❶ ルールを設けることで、社員の日々の行動習慣を変える

❷ 現場の仕事のスタイルを考慮したルール設定をする

❸「理念浸透」は並行して行い続ける

STEP 3

デジタルアダプション

使いにくいツールを現場に合わせて変えていく

ＤＸを進める上でのシステムの定着と活用は、ゴールのないマラソンのようなものです。

システムが定着し、社員全員がただ使えるようになればいいものではなく、長く使えるシステムへと育てていくためには、地道なシステム改善や運用方法の見直しが必要です。

システム導入時は使いにくいものであったとしても、「理念浸透」と「習慣化」の段階まではなんとかなりますが、実際にシステムを利用する現場に寄り添い、より使いやすいものにするには、現場と一緒になって考えて改善していく視点が欠かせません。

このような、**まだ使いにくいツールを現場に合わせて変え、生産性や満足度を上**

げていく動きを「デジタルアダプション」といいます。

ステップ3では、トップダウンで理念を浸透させ、社員に必要性を説いた状態から前進し、現場が「自律的に動いて改善しよう」とする状態を目指していきます。

■導入して終わりではない

ステップ2までで、システムを使う習慣化はできても徐々に現場では「もっと入力しやすくしてくれたらいいのに」「こうすればもっとやりやすいのに」といったモヤモヤがたまってくるものです。その声と向き合い、現場の「こうしたい」を叶えられるよう支援をしていくのが担当者の役割です。

システムを運用しながら「もっと情報を入力しやすくしたい」「こうしたほうが使いやすくなる」といった現場の意見を吸い上げ、反映していくことが必要になるタイミングが必ずやってきます。

そして、この改善は何も大規模なものばかりである必要はありません。たとえば、画面のレイアウトを少し変えるだけでもわかりやすくなりますし、解説の吹き出しが出てくるだけでも入力の迷いはなくなります。

■現場を導くフェーズから、支援するフェーズへ

ＤＸを定着させ、理想とするＤＸを実現するには、実際に何が必要なのか、現場とのディスカッションが欠かせません。

データの蓄積のためにみんなで情報を入力するようになると、現場は「レポートダッシュボードをこんなふうに作るのがいい」「入力の動線を工夫したい」など、自分たちなりに習慣化しやすく、効率的に業務を行える方法を考えるようになります。

こうした状況が見られると、社員は営業情報の入力をやらされている感覚はなくなり、自ら取り組むようになっていきます。

この段階になれば、私たちのようなシステム担当者は、トップダウンでＤＸ化へと導いていくフェーズから、「一緒に考えていきましょう」と現場を巻き込み、より仕事をしやすい環境を整えられるよう支援するフェーズへと視点の変化が求めら

れます。

そして、現場を支援する立場として、より一層、現場と密にコミュニケーションを取っていくことが大事になるのです。

コミュニケーションを積み重ねていくことで、現場といち担当者との信頼関係を築かれます。

クレームや課題も改善の機会になるのはもちろんのこと、実は信頼関係を築く上ではチャンスとなります。

■いかに現場を巻き込むか

現場の課題解決を行うのはこのフェーズで重要なのですが、その際にいかに現場を巻き込めるかが重要なポイントになります。

現場からくる問い合わせやクレームの処理を行っているだけでは、ただの窓口になってしまいます。それらをフックに、出してきた本人が課題を自分ごと化できればベストです。

第2章で、社員の似顔絵漫画を使った活用マニュアルの配信を行った施策をお伝えしましたが、この施策も、活用を広めるだけではなく、「現場を巻き込む」という意味でも非常に大きな効果がありました。

まずは小さなことからで構わないので、関わる人を増やすこと、登場する人を増やすことが、結果的に現場を巻き込むことにつながるのです。

■マニュアルは読まれなくても作っておく

導入時にはマニュアルを作ることがほとんどだと思いますが、どれだけわかりやすく、網羅的なマニュアルを作ったとしても、残念ながらほとんど読まれません。マニュアルに書いてある内容の問い合わせがバンバン入るなんてこともざらにあります。

ところで、iPhoneにはマニュアルがついていません。もしかすると、マニュアルというもの自体、古いのかもしれません。

理想とすべきは、iPhoneのように直感的にシステムを操作できるようにすることで、マニュアルを必要としないものを作ることだと思います。

ただし、どれだけ読まれなくても、普段の操作はマニュアルなしでできるようにするのが理想だったとしても、マニュアルは作るべきだと考えます。

いくつか理由はあるのですが、1つは問い合わせ対応時間の短縮のためです。対応するマニュアルがあれば、マニュアルを送付するのみで対応を完了できます。

また、正しい運用の認識を揃えるためでもあります。常にマニュアルを正とすることで、複数人で運用や推進を担当することができるようになります。


当社では、システムを運用しながら中身がどんどん変更されていくので、それに沿ったドキュメントをその都度起こすのは大変なことです。

そこで、Salesforceのレコードページをウィキペディアのようにして書き換えて使っています。

この方法であれば、文章を少し修正したり、画像を貼り替えたりするぐらいの手間で済むので更新がラクです。問い合わせがあったタイミングで必ずマニュアルを最新にアップデートしてから添付する運用を行っています。

マニュアルは、作った後放置され、内容が古くなり使えなくなりがちです。せっかく膨大な労力を使って作ったとしても、こうなってしまうと無駄です。いかに最新に維持する運用をできるかが、マニュアルを作る上でのポイントになります。

ステップ3（デジタルアダプション）のポイント

❶ システムは導入して終わりでなく、常に現場に合わせて改善し続ける

❷ 現場からの不満を丹念に聞き、現場と二人三脚で改善を行う

❸ マニュアルは読まれなくても作成すべき。ただし必ず最新に保たれるように運用の工夫をする

STEP 4

活用風土の醸成

定着化フェーズから活用フェーズへ

ステップ3までのシステムの「定着化フェーズ」は、社員全員がシステムを支障なく入力できるようになるまでに必要な施策でした。

DX化で企業をより成長させるために必要なのは、システムの定着から「活用フェーズ」へと進めることです。たとえば、システムに入力されたデータを使って自発的に問題解決できたり、業務の効率化ができたりするフェーズです。

そのために行うのが、ステップ4「活用風土の醸成」です。

システムを定着させるフェーズでは、トップダウンで全社員同じ動作ができるように進めていくのがメインの状態でしたが、活用フェーズでは社員一人ひとりが自ら行動を変える状態へとシフトさせていきます。

ルールを作り、全社員が同じようにできるようにする定着化フェーズと異なり、活用フェーズは一気には進みません。

「活用すると良いことがありそうだ」「活用していないと取り残されそうだ」という「空気感」を作り、じわじわと広げていくことがポイントです。社内ですが、マーケティングを行うことに近いかもしれません。

■社内で成功事例を作る

空気を作るためには、全社員に具体的な成功イメージを持ってもらえる状態にすることが重要です。どの会社でも簡単にできるのが、成功事例を作り可視化することです。

第2章と重複しますが、そのために私たちが行ったのは、現場ごとに「成功事例を作り出す」ことでした。ポイントは「成功事例を作った人を見つけ出す」のではなく、「担当者と現場で一緒になって成功事例を作り出す」ことです。

たとえば、ダッシュボードを一緒に作り、「これを使って私の部署では運営しています」と社員の前で発表してもらいます。その1歩目には、私のようなシステム担当者が必ず一緒に伴走することが必要だと思っています。

こうした成功事例は作って終わりではなく、積極的に社内広報していきます。すると「あのツールは便利そうだ」と他の現場からも声が上がってきて、そのシステムを活用しようとする空気が醸成されてきます。

■シナリオを描いた上で人選する

この成功事例を一緒に作る社員は慎重に吟味します。私たちが意識していたのは、社内に対して「こういう発信をしていきたい」というシナリオを事前に描き、そのシナリオに沿う人物をピックアップすることです。

ここでいう「シナリオ」とは、「誰に広めたいのか」「どういうふうに広めたいのか」という、事業戦略・組織戦略に沿ったストーリーのことです。

日本M&Aセンターが今後Salesforceを活用する上で、担当者として「こんな使い方をしてもらいたい」という理想に合致しそうな人を選んでいくわけです。

人選する目線としては、たとえば少しずつでも現場で改善できる人材を増やしたいのであれば、地道にコツコツ頑張っている人を採り上げ一緒に成功事例を作るのがいいでしょうし、一気に営業部全体に活用の風土を広めたいのであれば、成績を上げている社員を採り上げるようなイメージです。

■社内セミナーや研修を活用して一気に広げる

成功事例をひとつ作り、組織の中で広めたい層に受け入れられる人選ができていれば、一気に広がる可能性もあります。まるでオセロのように「ひとつ手を打てば、一気にひっくり返る」ポイントがあるわけです。

そのポイントを作るには、成功事例を社員全員に知ってもらうことが欠かせません。その際、**当人の口からその人自身の言葉でみんなにその成功体験を話してもらうことです。**こうした社内広報を行うためにいくつか方法を取りましたが、次の取り組みが最も効果的でした。

それは、社内セミナーや研修の実施です。

社内セミナーでは活用事例を直接話してもらい、「データをこのように分析した」「データをこう活用し、こんな成果が出た」と社員全員の前で発表する場を作ります。また、より発信の場を広げるために、研修を企画し自身の成功体験を語ってもらうようにしました。

こうした地道な広報活動を続けていると、「成果を出している人がそんなふうにデータを使っているなら、自分もやってみたい」と思う社員が増えていきます。こうなれば活用風土の醸成は成功です。

ステップ4（活用風土の醸成）のポイント

❶ 現場から成功事例が出てくることを待つのではなく、活用を広めたい層に合った「シナリオ」を構築し、成功事例を主体的に作っていく

❷ 成功事例を当事者に話してもらうことで、社内に「いいね！」という空気を作り出す

STEP 5

ツールの民主化

仕組み化で社員全員をDX人材にする

改めて、各ステップで行ってきたことを整理します。

ステップ1：トップがリードし、全社員で新たにシステムを使う目的を共有する
ステップ2：システムを使うための習慣を作る
ステップ3：現場の声をもとに、より使いやすいシステムへと改善する
ステップ4：システムを活用し生産性を上げるために、成功事例を作り共有する

これから述べていくステップ5では、システムの活用フェーズからもう1歩踏み込み、仕組み化を通じて社員のツール活用を発展させていきます。

この「民主化」の意味は、単に社員全員のITリテラシーを高め、「みんなでデジ

タルツールを扱えるようにする」というレベルではなく、「全員がエンジニアと近いぐらいまでの知識、技術を身につける」という話です。

今まで専門家しかわからなかった「システムを作る」ことを、全社員ができるようにしてしまおうという考えが、ステップ5「ツールの民主化」なのです。

■「社内資格制度」の導入

第2章と重複しますが、当社がDX人材育成として行った施策は、社内で資格制度を作ることでした。Salesforceの活用から生産性向上まで基準を設け、3つのコースを用意しました。

入門コースでは、雛形のレポートが活用できるようにレポートの編集を学びます。

初級コースでは、自分でレポートダッシュボードを作れるレベルになることを目的に、データベースの構造を理解してデータを抽出し、データ分析を行うことを目指します。

上級コースでは、システム自体を作ることができるレベルまで引き上げます。

Salesforce上でアプリケーションを自ら作るための知識、技術レベルを備えることをゴールとしています。

社内資格はあっという間に広がり、今では過半数の社員が何かしらの資格を取得している状態になりました。さらに、資格取得者が自部署で次々と業務改善を行い、全社的に改善が量産されるようになりました。

デジタル分野のリスキリングは行われている会社も多いのではないかと思いますが、なかなかうまくいかないという相談も受けています。ここからはなぜ当社が全社員DX化に成功したか、制度設計のポイントについてご説明します。

■日本M&Aセンター「全社員DX化」のための資格制度設計のポイント

最重要のポイントは次の2つです。

○資格取得プログラム内で必ず自部署（または自身）の業務に役立つ成果物を作成する

○その成果物を上司の前で発表する

促進のためには次のポイントも非常に効果的だったと感じています。

○**成果を全社員に披露する大会を企画（ステップ4と目的は同じ）**

○**資格というスキルを見える化するわかりやすい制度**

ここからは各ポイントについて細かく説明していきます。

■自部署（または自身）の業務に役立つ成果物を作成する

Salesforce社が提供している研修など、すでに座学はいろいろと用意されていて、それにただ参加するだけなら簡単なことです。

しかし、学んだことをどう業務に役立てていくかが、一番重要で一番難しいポイントです。実技なしで座学だけでは意味がありません。

これは運転免許も同様です。いくら座学で車の構造を学んでも運転できるようにはなりません。それと一緒で、自部署に帰った後、学んだことを業務に役立てるようになるには、研修中に最初の一つ目「業務に役立つ成果物」を一緒に作る必要があるのです。

最初に業務改善を一緒に行うことで、業務改善の「成功体験」を提供することができます。そうすることで自部署に帰った後、自ら改善できる人材へと成長していきます。

■成果物を上司の前で発表

そして成果物について、自分の上司に必ずプレゼンさせています。

自分が普段業務上でどんな課題を感じ、どのように改善したくて、その成果物を作ったのかを報告し、以後の業務ではこのように使っていくと自分の直属の上司に発表するのです。

社内資格制度が一気に広がった背景には、この上司へのプレゼンが大きな役割を果たしてくれたと振り返っています。というのも、上司は部下を積極的に研修に出したいとはなかなか思わないからです。

研修は就業時間内で行われるので、その間は業務が進みません。上司としては、

「業務時間を使ってまで、成果につながるのか」と不安になるのも当然のことです。

そこで、研修が成果につながっていることを実感してもらえるよう、プレゼンの機会を意図的に設けているわけです。そうすることで、上司としても安心して社内資格制度にどんどん人を送り出してくれるようになるのです。

実際に参加者がプレゼンすると、上司からも「それなら、このデータも使えないのか」「もっとこうできないのか」といった、さらなる業務改善のアイデアが生まれてきます。

以上から、上司を巻き込んでシステムを民主化させていくことが、社内に資格制度の施策を広めるポイントになりました。

■成果を全社員に披露する大会を企画

ステップ4の目的と重複しますが、成功イメージがしやすい成果については、積極的に全社員へ共有すると効果が高まります。

本書の冒頭でお伝えした通り、当社の大会（コンテスト）では、予選を勝ち抜いた5名が最終発表を行い、約300名の社員が視聴しました。視聴者投票を設けたことにより、自部署の出場者を応援しようという機運も生まれ、大いに盛り上がりました。

学習の意義や今後のDXの重要性をいくら伝えても、なかなか響かない人も多く資格取得希望者は急には増えないのですが、資格取得後の成功イメージのできる事例を紹介することで、一気に希望者を増やすことができます。

今まで前例のないものについて、いくら発信をしても聞く側としてはなかなかピンときません。システムに限らず新しいものを広めるときは、イメージしやすいロールモデルを作り発信することが、非常に効果的だと考えます。

■資格制度にするメリット

実をいうと、始めたばかりの頃は資格のメリットをそこまで深く感じられていなかったのですが、結果的に社内とはいえ認定資格にしたことは大正解でした。ある程度認知が高まると、資格というわかりやすい指標が存在することにより、こちらから希望者を募らずとも勝手に申し込みが集まるようになります。

当社であれば、個人の目標に資格取得を組み込む人が出てきたり、異動の社内公募制度の条件に資格取得が入っていたりと、目に見える形で変化がありました。

この社内資格制度の取り組みを通して、社内のＤＸに関するレベルが向上し、同じ「言語」で話せる社員が格段に増えました。

■使い手と作り手が別の組織では、真のＤＸは成立しない

これまでのＩＴシステムは、実際に現場で利用する使い手側が外部のＩＴベンダーなど作り手側に依頼して構築していくものでしたが、この場合、作り手は使い手の業務について理解が不十分な状態で作るケースも多く、現場で効果を出せないちぐはぐなシステムが生まれてしまうこともあります。

使い手もシステムについて理解していないので、作り手に対し、まるでＤＸは魔法か何かと勘違いしたような無理難題を要求してしまうことも多々あります。しかし、言われたからにはその通りに作ろうとする、といったことが頻発していたように思います。

作り手と使い手には前提知識にギャップがあるために、双方の認識にズレが生じ、機能しないシステムが出来上がってしまうわけです。

そこで私たちが第一歩目として行ったのは、使い手と作り手が一緒になって作ることはできなくても、せめて社内に作り手を持つことでした。社内の人間のほうが業務内容は理解しているはずなので、そのほうが実践的なシステムを作れるだろうと考えたのです。

■現場の「困った」を解決するだけでは、「のび太くん」を量産するだけ

実際に全ての構築を社内で行う「内製化」は大成功しました。同じ会社で働いて

いるので、現場の要望の背景がわかり、それまでよりも圧倒的に「使える」システムを作ることができるようになりました。

ただし、この場合、作り手は変わっても使い手はそのままなので、相変わらず困ったことがあれば相談の依頼が増え続けていきます。まるでドラえもんに助けを求め続ける、のび太くんのような感じです。

このように、現場の困りごとを解決するだけでは、使い手である現場の意識を変えることはできません。それどころか、困りごとを解決すればするほど使い手は作り手に依存してしまいます。

のび太くんは困ったときにドラえもんに助けを求めるだけで、自分の日常を改善しようとすることはほとんどありません。ドラえもんを量産することは難しいですし、今後企業として成長していくには、使い手であるのび太くんに本質的な改善を考えられるように変わってもらう必要があると考えます。

高度な技術が必ずしも、その企業にとって「機能するシステム」とは限りません。使い手の知識レベルを超えたシステムは、なんだかすごいことができるはずだという期待とは裏腹に、使いこなすことも管理することもままならず、結果的に効果を最大限に引き出すことができなくなります。

本当に機能するシステムとは、その企業ごとの目的に合わせて、一番効果的な方法で使えるものであるはずです。

日本M&Aセンター　データ活用状況

レポート	ダッシュボード	報酬
過去2年間の作成数	過去2年間の作成数	過去2年間のリリース
79,432件	2,448件	2,329件
2分58秒 あたり 1件作成されている	1時間36分40秒 あたり 1件作成されている	1時間41分36秒 あたり 1件リリースされている

日々現場で当たり前に
データの活用や、システムを使った業務改善
がされるようになった

■社員の意識が変わる、キャリアが広がる

資格制度の良かったところは、ＤＸが強烈に推進できただけではなく、社員一人ひとりの意識そのものに変化があったことです。

「今までは、何も知らないからモヤモヤすることがあったとしても、改善すること自体をあきらめていた」「資格をとったおかげで部署内でデータ活用を推進できるようになり仕事の幅が広がった」「課題に対してデータを根拠に打ち手を考えられるようになった」などの声が挙がりました。

実際にこちらの資格取得をきっかけに、新たなキャリアに挑戦する社員も出てきており、ＤＸ化にとどまらない大きな可能性を感じています。

ステップ5（ツールの民主化）のポイント

❶ 研修は座学だけでなく、業務改善の成功体験を作ることを意識する

❷ 受講して終わりにせず、成果物を必ず共有する仕組みを作る

❸ 制度化は、広く普及させることを後押しする仕組みである

第4章

世の中のDXを次のステップへ

トップダウンのDXから、ボトムアップのDXへ

第3章では、全社員DX化までのポイントを、SaaSをはじめとするデジタルツールの定着化から活用までを例にご説明しました。

ステップ1「理念浸透」、ステップ2「習慣化」、ステップ3「デジタルアダプション」で行っていたのは、DX化を進める上でのデータを蓄積するために、現場にSaaSをはじめとしたデジタルツールの使用を定着させていく段階でした。

当社の場合なら、社員全員がシステム上に営業情報を入力できるようになり、それまでの仕事で行っていた習慣を変えていく状態を目指しました。ここまでが「定着」です。

ステップ4「活用風土の醸成」、ステップ5「ツールの民主化」の段階では、蓄積

された データも活用しながら、現場ごとに具体的な成果を作っていくフェーズでした。社員がデジタルツールを活用して生産性を上げるためには、どこにボトルネックがあるかを見いだし、ソリューションを考えていく。これがＳａａＳにおける「活用」です。

　ステップ３までの定着化の段階では、ある程度トップダウンでＤＸ化を進めて、社員全員が習慣的にデジタルツールの活用、改善に向けた意見を出せるような組織にできていることが理想となります。それ以降のステップではボトムアップに切り替え、実務に即した形でシステムの活用を促していく必要があるからです。

　ですから、ステップ３「デジタルアダプション」の段階から、ボトムアップでＤＸ化を行う上での下地を作るために、少しずつ現場の人の声を聴いていく姿勢が大切です。

　そして、ステップ４「活用風土の醸成」やステップ５「ツールの民主化」では、反対に現場が主体となって改善活動を進められるよう、ＤＸの担当者としてサポートする姿勢が必要になっていきます。

つまり、ステップ3の途中まではトップダウンで行い、それ以降はボトムアップで進めていけるようサポートしていくのが肝心ということです。

ＤＸ化のカギは「人を動かす」こと

ここまで読んだ方はお気づきかと思いますが、実は全てのポイントは「システム」ではなく「人」にまつわるものです。

ステップ1～3の定着化の段階では、トップダウンで現場をいかに動かし、生産性アップや業務改善の取り組みへと向かわせるかが重要なテーマです。

ステップ4～5の活用の段階では、業務改善を現場自らができるように仕組み化することがテーマです。

どのステップにおいても、「人にいかに動いてもらうか」が重要なのです。

ＤＸが進まない本当の原因は、「より最先端技術を搭載したシステムを作る」とか、「より使いやすいシステムを作る」など、システムにばかり向き合って、肝心の

「人」に向き合っていないことにあります。

結局システムを使うのも、活用するのも、全ては「人」です。「人」なしでは効果が上がるはずもなく、ＤＸを推し進めるためには人を動かすことを避けては通れないのです。

本当に良いシステムとは何か

ここまでをふまえて、本当に良いシステムとは何かを定義すると、**「自分たちのレベルに合っていて、自分たちでちゃんと使いこなせるシステム」**のことだと私は考えます。

外部に全てを丸投げしてしまったシステムや、一部の人に依存して作ったような属人化したシステムは、いずれブラックボックスと化し、社会の変化やＩＴ技術の進歩に合わせて進化させることができない、時代遅れのシステムとなってしまいます。

この観点をふまえなければ、危機を感じたときは時すでに遅く、移行するにも大きなコストがかかるので、さらに二の足を踏んでしまうことになります。

多くの人は見落としがちですが、一度運用を開始したシステムをやめるのは、実は作ること以上にコストがかかることが多々あります。

そのようなシステムを作ることは、「2025年の崖」として今問題視されているレガシーシステムを作っていることと同じであり、わざわざお金をかけて将来の大きな負債を作っているようなものです。

そうならないためには、身の丈に合ったシステムを導入するほかありません。最先端の技術を将来の負債にすることなく会社に取り入れるには、遠回りでも使う人たちをレベルアップさせてからのほうが良いと考えます。

ＤＸ化を通して「デジタル人材」を育てる

デジタルツールの活用だけで終わらせず、リスキリングの機会として人材育成にまでつなげられると、組織のＤＸ化はさらに意味のあるものへと変わります。

当社ではＤＸは全社員が取り組むものになりつつありますが、その状況を社外の人に伝えると「どういうことなのか」「よく意味がわからない」といった反応を受けます。

社内ＤＸコンテスト（Salesforce CUP）に関する取材の際、メディアの方々からも「日本M&Aセンターでは何が起きているのか」と驚かれました。

たしかに客観的に見ると、ＩＴ部門でもない若手社員が1万時間の業務改善を行ったと聞いても、あまり想像のつかない世界かもしれません。

ここまで社内のDXを推進してきて思うのは、DXの本質は人を動かすことに加えて、人材を作ることだということです。DXへの取り組みは、ただ生産性を上げて成果を出すだけでなく、人材自体を変えるきっかけにもつながると感じています。

これまで当社でも、目の前の業務に取り組むだけだった現場社員たちは、デジタルツールを業務に活用することによって何ができるようになるかが見えてくると、自ら業務改善について考え、行動に移していくようになりました。

社員が主体的に動き、組織として問題解決できるようになるというのは、あらゆる企業が目指す地点として異論はないのではないでしょうか。

DX人材の育成は、社内のDXの推進だけでなく、社員が自ら問題解決のバリエーションを増やしていく活動でもあるのです。

先行きの見えないビジネス環境の中では、トップからいち社員に至るまで、ただ闇雲に仕事を進めていくのではなく、一定のデータを活用しながら、少しでも確からしいアプローチを取っていくことが必要だと考えています。これがデータ分析を行い、ビジネスに活かしていくべき理由の一つでもあります。

業務改善が必要でない組織は存在しません。デジタルの知識とそれを使った業務改善の経験は、あらゆる業種・職種で必要になってくるはずです。

結局のところ、これからのＤＸ人材に求められるのは、「データやシステムを活用して課題を発見し、ビジネスを改良すること」「業務をより効率的に進められるよう、自ら仕組み作りができること」です。この2点を押さえられれば、人材市場の中でも頭1つ抜きん出ることができると考えています。

「DX2.0」の時代へ

私が日本M&Aセンターでの DX推進の経験を通して、感じたことがあります。それは、システムを一部の人のものとして囲い込んでしまうことで、社員がITについて学ぶ機会を奪っていたのではないか、ということです。

だからこそ、システムを一部の人だけのものではなく、全社員に「開放」し、誰もがうまく活用できるようにすることで、生産性アップや業務改善の機会もさらに広がるのではないかと信じているのです。

ゼロからシステムを作らなくても、少しでも知識をもっていれば、自身の実務に直結するシステム改善を行えるはずです。そして、システムの作り手と使い手が共通言語で話せるようになることで、仕事の生産性もより一層高められるのです。

たとえば、営業活動自体を仕組み化し、トップダウンで指示した通りにやれば、誰でも成果が出せるようになる、といった方法は非常に効果的で一般的になりつつあります。

ただ、これからはそこから一歩進んで、さらに現場で進化させていく組織も増えてくると思います。つまり、社員一人ひとりが言われた通りに用意された仕組みの中で動くだけでなく、知識とスキルを身につけることで自ら考えて動き出すようになるのです。

そうすることで、今まで一部の人によって考え作られてきた仕組みづくり、改善が現場で同時多発的に起こるようになります。また、様々な物事のスピードが一気に上がり、新たなイノベーションが生まれやすい環境へと変わります。

すると、会社は加速度的に成長していくことが可能になりますし、個人としても知識やスキル以上の大きな成長につながっていくのです。

こういった企業が日本に増えていけば、日本全体がもっと活性化するのではないかと思うのです。

こうした思いから、このたび「日本DX人材センター」という新会社を設立することにしました。そこで本書の最後に、新会社の設立への思いや経緯をお伝えできたらと思います。

第5章

人の力は社会を変える
――日本DX人材センターの設立

集大成としての社内ＤＸコンテスト

全社員が本当の意味でシステムを使いこなし、全社員がデジタル技術を活用して会社を成長させていけるような会社にしたい――。

そう思って、10年間様々なことに取り組んできました。その集大成となったのが、２０２３年5月に行われた、社内ＤＸコンテスト「Salesforce CUP」でした。

○ＩＴ部門ではない現場社員が、自部門のＤＸ成果をプレゼンして競い合う

○日々当たり前にデータやシステムを活用した業務改善が様々な部門で行われるようになる

○社内のあちこちでイノベーションが多発する会社になる

この日の成功は、企画者である私たちにとっても、想像を遥かに超えるものでした。多くの関係者からお褒めの言葉をいただき、たくさんの視聴者と一体になることができた瞬間を見て、「全社員をＤＸ人材にする目標がついに叶った」と心から感じられた、忘れられない一日となりました。

ここにくるまでの10年間は、決して平坦な道のりではありませんでした。導入したシステムは、「使いにくい」とはっきり言われることも少なくなかったですし、「何のためにこんなことをやるの?」と、理解されないことのほうが多かったように思います。心無い言葉に、何度悔しい思いをしたかわかりません。

だからこそ、これ以上ない達成感を感じたあの日から、「やりたいことはやり切った。このキャリアにはいったん終止符を打ち、新しいチャレンジをしたい」と考えるようになりました。

未経験だからこそ、イノベーションは興せる

日本M&Aセンターで500人以上のDX人材を育成し、小さなイノベーションをたくさん見てきてわかったことがあります。それは、**まったくの素人のほうが、専門家よりもむしろイノベーションを興せる**ということです。

ITの知識や経験があると、それまでの常識や経験に基づく成功体験があるため、それを打破するのはなかなか困難です。人間は知識や経験から学ぶものなので、当然と言えば当然ですし、それも重要なことです。

ただ、「イノベーション」という観点から見ると、今までのやり方を壊して変化を興すのは、意外とまっさらな素人のほうが多いのです。

私自身、この仕事をしていると「ITの知識はなく、DXへの取り組みもまったた

くの未経験ですが、本当に務まりますか？」と聞かれることがあります。

そう不安に思うのはもっともですが、あえて声を大にして言いたいのは、まったくの未経験だからこそ、イノベーションを興せることも多々あるということです。わからないからと言って簡単にあきらめてしまうのは、本当にもったいないことです。

あきらめずに続けていくと、スキルが身につき、それが自信へと変わることで、その人自身がキラキラと輝き始めます。それまで目立ってこなかった人でも、ＤＸをきっかけに大きな活躍をするケースを何度も目にしてきました。

DX人材を増やして、社会を変える

日本M&Aセンター内にとどまらず、こういったDX人材を社会全体に輩出し、もっと日本全体でイノベーションが起こるようにできないか。

これを私は次のキャリアの目標として考えるようになりました。

ゼロから起業する覚悟で役員に相談したところ、日本M&Aセンターグループのリソースを使ってその夢を実現する選択肢を提案してくれました。

たしかに、日本M&Aセンターの顧客である全国のあらゆる中堅・中小企業にDX人材が増えれば、社会全体のDXの底上げにつながります。いくら社会でDXが叫ばれているといっても、それはまだまだ大企業の中の話。中堅・中小企業がDXを推進するのは難しいのが現実です。しかし、日本の企業数の大半を占める中堅・中小企業でDXを進めやすくすれば、日本全体の生産性が向上するでしょう。

そして、DX人材を育成し、顧客である中堅・中小企業の成長を支援することができれば、会社にとっても提案できるソリューションが増えてメリットになります。すでに確立しているDX人材育成ノウハウを横展開しスケールさせることで、社会を変えられるかもしれないと考えました。

こうして2024年2月2日、日本M&Aセンターホールディングスの子会社として「株式会社日本DX人材センター」を設立し、代表に就任しました。

私には、この会社を通じて実現したいと思っていることが、ほかにもあります。それは、**「キャリアの選択肢を増やすこと」**です。

日本においてキャリアアップと言うと、新卒で就職し、正社員で長く働き続けるという選択肢をイメージされる方が多いのではないでしょうか。

ご存じのように、現在では終身雇用制に対する意識は薄れ、1社で働き続けることが全てではなくなり、転職をしたり学び直したりしながらステップアップしていくという考え方が主流です。キャリアは連続的に積み重ねていくものだとされています。

しかし、これからの時代は、もっといろいろな働き方が認められても良いと思うのです。

何らかの理由でどうしてもキャリアが中断してしまい、働くことをあきらめている人、仕事以外に優先し

働きながら学習しスキルアップできるモデル

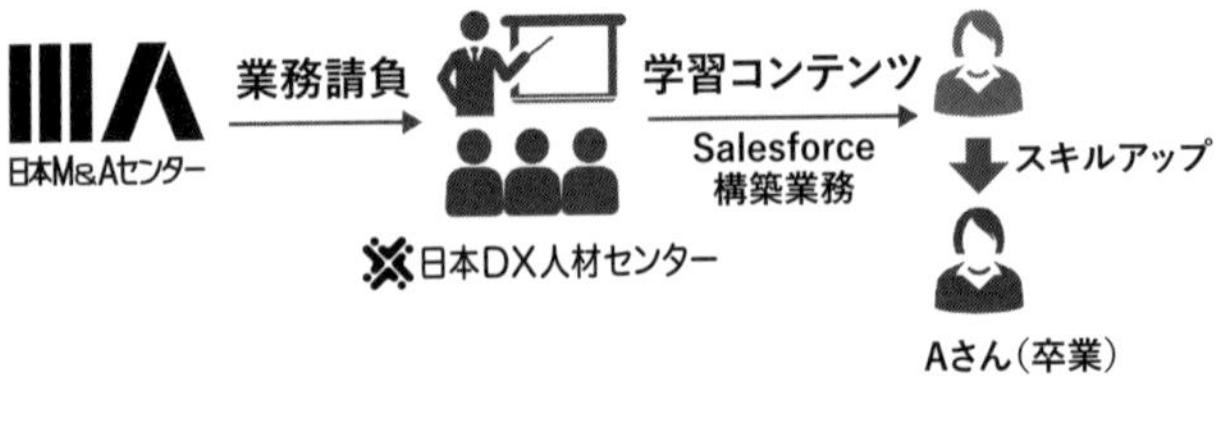

・学習の進捗状況に合わせて、その時点の知識で遂行可能な業務を請け負える
・ノーコード、ローコードの構築やテストなどの業務経験を効率的に積むことができる
・最先端の Salesforce 運用ノウハウに触れることができる

たいものがあり柔軟な雇用形態で働きたい人、副業にチャレンジしたい人、スキルを身につけ年収をアップしたい人。

そういう人たちにスキルアップと業務経験の場を提供し、働くきっかけを作れるのではないかと考えました。

日本ＤＸ人材センターであれば、ただ勉強するだけではなく、実務経験を積む機会を提供し、即戦力として働くためのスキルを身につけることも可能になります。

女性がキャリアを築く難しさ

本当は働きたいのに、一定期間働いていなかったことで、働くことに対する自信を失い、働くことをあきらめてしまっている人が大勢いる、と感じています。特に女性のキャリアは、結婚や出産などのライフイベントに大きな影響を受けやすいのが現実です。

私の身の回りでも、本当は働きたいのに一歩を踏み出せない人が何人もいます。

たとえば、パートナーの転勤が多く、正社員になるのをあきらめている人、本当は離婚したいけれど経済的理由から踏み切れない人、若くして出産した後ずっと主婦だったため働く自信がない人。

逆に、家庭との両立のために、本当は仕事の量を落としたいのに無理をして働き続けている人もいます。ほかにも、子どもとの時間を優先したい人、家事や育児との両立で手いっぱいになってしまっている人も見てきました。

キャリアダウンへの敗北感や、他の人に迷惑をかけたくない気持ち、会社に居場所がなくなってしまうのではないかという不安など、様々な理由から無理をしながら仕事と向き合わざるを得ない人も多いのではないでしょうか。事実、いったん仕事を辞めてしまうと、復帰へのハードルが恐ろしく上がるというのはあると感じています。

日本の女性活躍がなかなか進まないのは、文化・風土に加えて、こういった仕組み上の理由も多分にあるはずです。

育休をとって復帰することはある程度一般的になってきましたが、それでも1年のブランクは大きく、後任がいれば今のポジションに戻れない場合もあります。

時短勤務で復帰できても、子どもの体調不良で休みを増やさざるを得ず、責任ある仕事を任されない場合もあります。

気持ちとしても子どもが優先になりますし、第二子、第三子と出産する場合はさらに長期間育休を取ることになるかもしれません。

よく、日本の育休制度は、期間も条件も他の国より優れていると言われます。ですが、そのおかげで結果的にブランクが長期間になることで、復帰のハードルが上がったり、30代前後の女性がキャリアアップしにくく息苦しい時期となったりするという側面もあります。その影響の大きさから、妊娠を希望した段階からキャリアアップには後ろ向きになら

多くの人に活躍できる場を

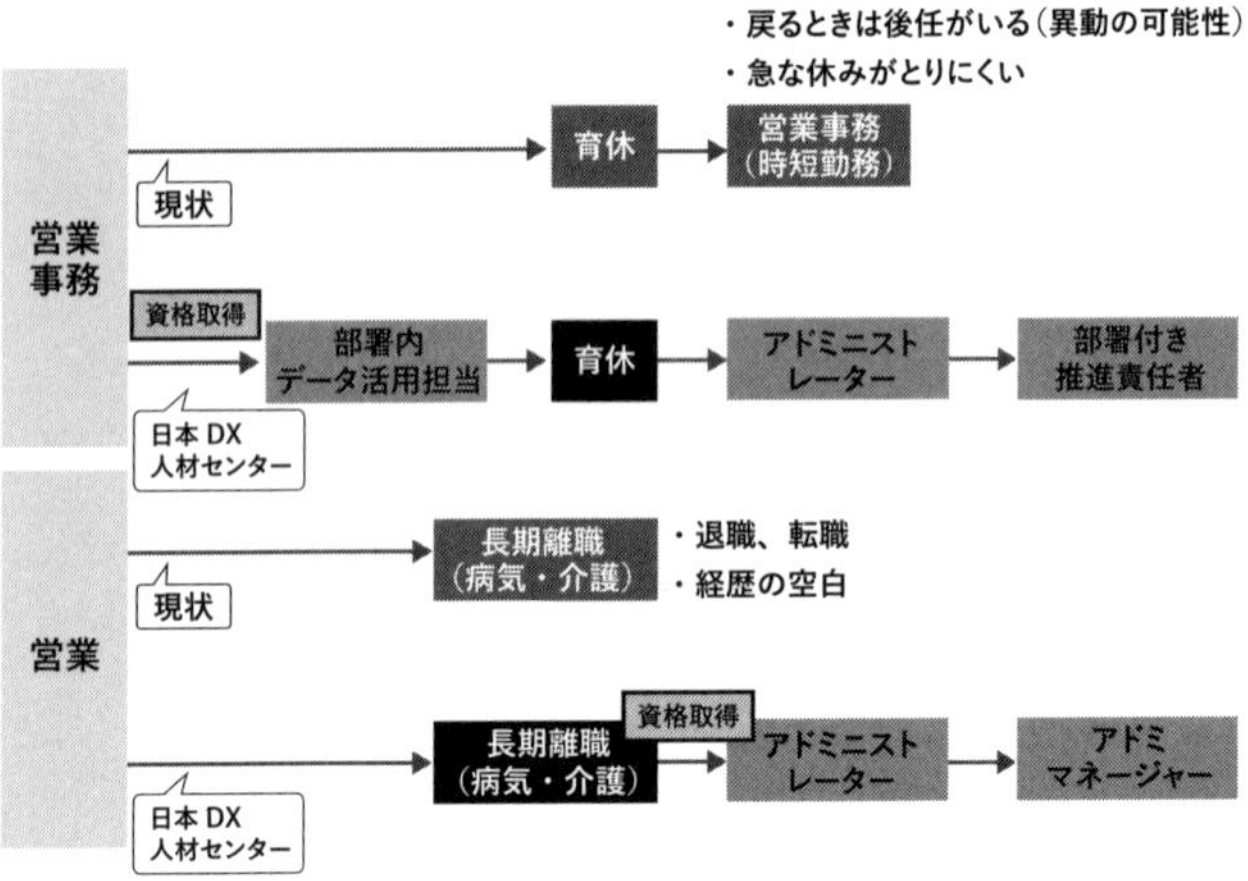

ざるを得ないのです。

育休明けに家事を平等に分担したり、男女半々で育休を取得できるようになったりすれば変わるのかもしれませんが、それもなかなか難しいのが事実です。それでもキャリアを維持したい女性は、寝る間も惜しんで家事や育児と仕事の両立をしていたりします。

女性が出産後も活躍できる社会を作るためには、子育てをひと段落させてからでも、再度仕事をいちから頑張れる環境づくりが必要です。

さらに子育てを優先したい時期も、無理なくスキルアップができる仕組みを作ることができれば、その期間をただのキャリアの停滞期にせず、次にステップアップするための期間と位置づけることができるはずです。

ここまで女性の話を例に挙げてきましたが、人生100年時代、性別や子どもの有無にかかわらず、何十年もずっと休むことなく120％の力を出して働き続けられる人はいないと思います。

趣味を優先したい時期、家庭を優先したい時期、病気で働けない時期、育児や介護で思うように働く時間をとれない時期など、キャリアにブランクが生まれるリスクは誰にでも起こり得るのです。


ブランクを恐れてしまう理由として、これまでの日本企業では年功序列のメンバーシップ型雇用が一般的で、自分の持つスキルを可視化できていないことも挙げられます。何か1つでも明確なスキルを持つことができれば、ブランクがあったとしても、きっと自信をもってキャリアをリスタートできて、人生の選択肢を広げる勇気を持てる人が増えるのではないでしょうか。

また、仕事だけでなく、思いっきり趣味に時間をつぎ込むとか、社会貢献活動に取り組んでみるとか、夢だった世界1周旅行に行くとか、そういったことも気軽にできる社会になると良いなと思っています。

「企業内起業」という選択

ＤＸ人材を社会全体に輩出し、日本全体でイノベーションを興したい。

そして、ＤＸに関するスキルを学び、実践する場を作ることで、キャリアの選択肢を広げたい。

この2つを実現するために、日本ＤＸ人材センターを設立しました。本業のＭ＆Ａ仲介と少し離れた領域での起案だったので、社内で同意が得られないかもしれない、そのときは自分1人でゼロからやろうと思っていましたが、幸いにもたくさんの人の協力があり、無事に設立することができました。

企業内起業のような形で設立した日本ＤＸ人材センターですが、日本Ｍ＆Ａセンターのリソースを使えることで、自分がゼロから立ち上げるよりもできることは格段に広がっています。やりたいこともより早く実現でき、大きなビジョンを描くことも可能になりました。

事業計画を詰めていくにあたっては、アイデアに対していろいろな方から意見をもらい、ブラッシュアップさせてもらいましたし、実際の設立や会社運営にあたっては、本体の専門家の力を借りることもできました。

企業内起業ができるかどうかは、その会社の文化や仕組みにもよると思いますが、事業の成功率を格段に上げる有効な手段だと実感しています。やりたいことを応援してくれる人がたくさんいるのは、日本M&Aセンターの良さでもあります。

設立したばかりでまだこれからという段階ではありますが、会社設立を通じて、普通では絶対にできない経験を積ませてもらっていると感じます。

ビジネスプランを考えて事業計画を作ったり、起案のプレゼンテーションを行ったり、会社設立のため様々な判断・決断を行ったり。どれも初めてのことで、わからないことをひとつずつ調べながらでしたが、「やってみてよかった」「絶対に成功させよう」と心から思っています。

設立後の社内の変化も、私にとっては非常に嬉しいものでした。自分たちの業務もいつか事業化にチャレンジしたいという声があったり、いろいろな人から応援の言葉をいただいたりと、多くのポジティブな反応がありました。

決して花形部門とは言えないバックオフィスの一部門で、専門職でも何でもない、プロパー社員の私の起案からの子会社設立が、様々な領域で「チャレンジしよう」という空気を作れたのだとしたら、これ以上ないことだと感じています。

おわりに

結局のところ、ＤＸとは一体何なのでしょうか。そのことを考えるために、もう一度、経済産業省の定義を見てみます。

「企業がビジネス環境の激しい変化に対応し、データとデジタル技術を活用して、顧客や社会のニーズを基に、製品やサービス、ビジネスモデルを変革するとともに、業務そのものや、組織、プロセス、企業文化・風土を変革し、競争上の優位性を確立すること」

日本Ｍ＆Ａセンターでは、ビジネス環境の激しい変化に対応するためには、一部の人がシステムを作っている状態ではダメだと思い、全社員が理解できるシステム設計を採用し、全社員がシステムをその場、そのときの環境に合わせて変えていける仕組みを作りました。

全社員をＤＸ人材にしていくことは、結果的に変化に素早く対応できるようになっただけでなく、業務や組織、プロセスの変化にもつながり、ひいては企業文化・風土までもより良い方向に変化しつつあります。

ＤＸの本質は、単にデジタル技術を活用して生産性を上げるのではなく、「ＩＴを通して人を動かし、人を成長させ、企業をより良い方向に向かわせること」です。

こう考えていくと、ＤＸに取り組む際に、必ずしも無理をして最先端の技術にしていく必要はないと思っています。それよりも自社の状況に合わせて、少しずつ進めていくことが重要です。

最初に申し上げた通り、私は日本Ｍ＆Ａセンターに新卒で入社し、ＤＸ領域においては一切の経験もありませんでした。もしかすると、そんな私だからこそ「どうやって人を動かし、DXを浸透させるか」をフラットに考え、実践することができたのかもしれません。
それも、日々データを入力し活用してイノベーションにつなげてくれた全社員、支援し続けてくれた経営陣とSalesforce社など協力会社の皆様、何といってもいつも一緒に頑張ってきた、そしてこれからも共にやっていく強力な仲間あってのことだと本当に感謝しています。

日本M&Aセンターが DX推進を行ってから10年、ずっと思い描いていた「全社員DX化」がようやく達成できました。今後は自社だけでなく、社会全体のDX化に寄与していくため、本書を執筆しました。
全社員DX化を実現する企業が続出し、社会全体がDX人材の手によってより良い方向へ進んでいくこと、そして多くの人がキャリアを自由に選べる社会になること、これらが私の次の目標です。道のりは長く果てしないかもしれませんが、絶対に実現しようと決意しています。

日本のＤＸが底上げされることを祈って。

［著者略歴］

藤田 舞（ふじた・まい）

株式会社日本DX人材センター　代表取締役

東京大学大学院工学系研究科卒業後、2010年4月に株式会社日本M&Aセンターへ新卒で入社。営業企画を経て、Salesforceを中心としたSaaSツールの活用推進や運用保守等を行う部門に移り、既存の顧客管理システムを置き換える全社DX基幹プロジェクトの一員に起用される。現在も引き続き構築・運用・保守を担うチームを率いており、2021年にはSalesforce活用に関する社内資格制度を立案、社員がデータベースを活用しやすい仕組みの構築に注力。2022年9月、セールスフォース・ジャパンが主催する「第10回Salesforce全国活用チャンピオン大会」の大企業部門で優勝。2024年2月、日本M&Aセンターグループ内に日本DX人材センターを設立。

Salesforce認定アドミニストレーター

全社員《ぜんしゃいん》 DX《ディーエックス》 化《か》計画《けいかく》

2024年4月11日　初版発行

著　者　　藤田 舞

発行者　　小早川幸一郎

発　行　　株式会社クロスメディア・パブリッシング
〒151-0051 東京都渋谷区千駄ヶ谷4-20-3 東栄神宮外苑ビル
https://www.cm-publishing.co.jp
◎本の内容に関するお問い合わせ先：TEL（03）5413-3140／FAX（03）5413-3141

発　売　　株式会社インプレス
〒101-0051 東京都千代田区神田神保町一丁目105番地
◎乱丁本・落丁本などのお問い合わせ先：FAX（03）6837-5023
service@impress.co.jp
※古書店で購入されたものについてはお取り替えできません

印刷・製本　　株式会社シナノ

　ISBN978-4-295-40953-3　C2034